労務屋の書いた

口述
労働「組合」法
入門

通勤や仕事の合間、
就寝前の**30**分に
「読む」講義

特定社会保険労務士
小西義博

公益財団法人 日本生産性本部
生産性労働情報センター

はじめに

　本書の姉妹本ともいえる「口述　労働法入門」を書かせていただいた折に、その小コラムである「労務屋の横道」と題した一文で次のようなことを語らせていただきました。

> 　仕事柄もあって、本屋さんには頻繁に立ち寄ります。
>
> 　世相もあって、労働法とか人事・労務管理の本が多少増えてきたような気がします。（しかも実務家によるものが増加している）
>
> 　しかし、「労働組合法」とか「集団的労使関係法」、あるいは「労使関係」をテーマにした本は、メッキリ少なくなったような気がするのは私だけでしょうか。
>
> 　このあたりで新しい視点にたった「集団的労使関係法」についての独創的な著作が、実務家の手によって世にでることを期待している関係者も多いのではないでしょうか。
>
> 　「できれば、その１人になりたいなあ」というのが私の夢です。

　その後数年経ちますが、この傾向は変わっていないような気がします。

　労働組合法等の団体的労使関係法については、大家の諸先生が「労働法」と題する本の一部として紹介するか、弁護士の先生による「労働組合対策本」といったニュアンスのものが多いように思われます。実務家が書いたものでも、労働組合の出身者のものは見受けられますが、人事・労務部門の出身者のものはほとんど見受けられないようです。

労働組合の組織率の低下が叫ばれて久しいですし、若い方々を中心にして労働組合への関心は薄れているのかもしれません。

　しかしながら、長年企業の労使関係に携わってきた実務家（＝労務屋）としては、あらためて「労働組合頑張れ」とエールを送りたい心境なのです。健全な労使関係の良さが見直されることは、企業の、ひいては社会の健全な発展につながるだろうと信じるからです。

　そして、本書は労働組合のある企業の労使は勿論、労働組合の無い労使（経営者や従業員）の方々にも是非読んでいただきたいという思いで書きました。

　でも、本書を書き終わって読み直してみると、『新しい視点にたった「集団的労使関係法」についての独創的な著作』の部分は、やはり著者の力量不足で夢で終わったような気がします。

　ただし、「口述　労働法入門」同様、「労働組合法」をより分かりやすく書くという努力はさせていただきました。

　つまり、読者の空き時間（たとえば通勤時間や自宅でビールでものみながらの時間）をちょっと割いていただいて、気楽に取り組めるよう「労働組合法入門」の講義を再現させていただけないかという発想から書かせていただきました。

　そんな気持ちから、本書では「口述　労働法入門」同様、いくつかの試みをしています。

○文章を極力口述調として、講義の再現に近くなるように意識しました。

○講義の際でも行っているのですが、私の人事労務スタッフとしての拙い体験からくるものを「労務屋の横道」と題し、雑談めいたものを適

—2—

宜挿入させていただきました。

○できる限り、法律の条文は原文のまま掲載しました。法律の学習には、条文の原文にあたることは大切だと感じていますが、満員電車のなかでは、「六法全書」をひくのは難しいと考えたからです。同様の思いから、重要と思われる箇所にはアンダーラインをひき、キーワードは太字で表記しました。

是非、気楽に読んで労働組合法ないし労働組合に興味を持っていただき、読者の皆さまが、より広く、より深くその世界に入っていかれる一助になれば幸いです。

なお執筆にあたっては、諸先生の書物を参考にさせていただきました。とりわけ、分かりやすい労働法の教科書である森戸英幸教授の「プレップ労働法」（弘文堂）を随所で参考にさせていただきました（例えば、労働条件の有利不利の説明で時給を例にあげる等）。この場をお借りして厚く御礼申し上げます。

また最後に、編集でお世話になった日本生産性本部生産性労働情報センターの下村暢氏に深く謝意を述べさせていただきます。

　　平成29年5月

人事労務アドバイス代表
特定社会保険労務士
小　西　義　博

もくじ

序章　労働組合法を学ぶ前に‥‥‥‥‥‥‥‥‥‥‥‥　*13*

　1. 労働法とは‥‥‥‥‥‥‥‥‥‥‥‥‥‥‥‥‥‥‥　*14*

　2. 労働法の誕生‥‥‥‥‥‥‥‥‥‥‥‥‥‥‥‥‥　*14*

　　⑴　労働法誕生以前‥‥‥‥‥‥‥‥‥‥‥‥‥‥‥　*14*

　　⑵　労働法の誕生‥‥‥‥‥‥‥‥‥‥‥‥‥‥‥‥　*16*

　3. 憲法と労働法‥‥‥‥‥‥‥‥‥‥‥‥‥‥‥‥‥　*17*

　　労務屋の横道①〜労働三権

　　労務屋の横道②〜自由権と社会権（労働三権）

　　労務屋の横道③〜憲法の考え方

第1章　労働組合法の登場人物‥‥‥‥‥‥‥‥‥‥‥　*27*

　1. 労働者‥‥‥‥‥‥‥‥‥‥‥‥‥‥‥‥‥‥‥‥‥　*28*

　　労務屋の横道④〜人事労務を担当して

　2. 使用者‥‥‥‥‥‥‥‥‥‥‥‥‥‥‥‥‥‥‥‥‥　*35*

　　労務屋の横道⑤〜第2労務部？

　3. 労働組合‥‥‥‥‥‥‥‥‥‥‥‥‥‥‥‥‥‥‥‥　*39*

　　⑴「労働者の団体」という要件‥‥‥‥‥‥‥‥‥‥　*42*

　　労務屋の横道⑥〜組織率100％

　　⑵　自主性の要件‥‥‥‥‥‥‥‥‥‥‥‥‥‥‥‥　*46*

　　⑶　組合民主主義の要件‥‥‥‥‥‥‥‥‥‥‥‥‥　*50*

　　労務屋の横道⑦〜組合役員の人事・その1

　　⑷　法的な観点からみた労働組合の分類‥‥‥‥‥‥　*55*

—4—

4．その他の登場人物・・　58

　　労務屋の横道⑧〜経営における健全野党

第2章　団結権・・・・・・・・・・・・・・・・・・・・・・・・・・・・・・・・・・・・・・・　61

1．団結権とは・・・　62

2．労働組合への加入・脱退・・・・・・・・・・・・・・・・・・・・・・・・・・・・・・・・　63

　⑴　加入・脱退の自由〜原則・・・・・・・・・・・・・・・・・・・・・・・・・・・　63

　⑵　ユニオン・ショップ協定〜例外・・・・・・・・・・・・・・・・・・・・・　66

　　①ショップ制・・　66

　　②ユニオン・ショップ協定・・・・・・・・・・・・・・・・・・・・・・・・・・　67

　　③ユニオン・ショップの有効性・・・・・・・・・・・・・・・・・・・・・・　68

　　④ユニオン・ショップ協定による解雇・・・・・・・・・・・・・・・　71

　　労務屋の横道⑨〜ユニオン・ショップ協定

3．組合費・・　75

　⑴　組合費・・　75

　⑵　チェック・オフ・・・・・・・・・・・・・・・・・・・・・・・・・・・・・・・・・・・　77

　　労務屋の横道⑩〜労働組合3種の神器

4．便宜供与・・　82

　⑴　在籍専従役員・・・・・・・・・・・・・・・・・・・・・・・・・・・・・・・・・・・・・・　84

　　労務屋の横道⑪〜在籍専従役員の賃金

　⑵　組合休暇・・・　87

　⑶　組合事務所の貸与・・・・・・・・・・・・・・・・・・・・・・・・・・・・・・・・・　88

5．労働組合の統制・・　89

　⑴　統制権の根拠・・・・・・・・・・・・・・・・・・・・・・・・・・・・・・・・・・・・・・　89

⑵　統制権に関する具体的な問題・・・・・・・・・・・・・・・・・・・・・・・・・・　*89*

　　⑶　統制処分・・・　*92*

第3章　団体交渉権・・・・・・・・・・・・・・・・・・・・・・・・・・・・・・・・　*93*

　1．団体交渉権・・　*94*

　　労務屋の横道⑫〜労働組合からの要求

　2．団体交渉とは・・　*96*

　　労務屋の横道⑬〜手続きの哲学

　　労務屋の横道⑭〜質問の事前告知

　3．団体交渉の当事者・・・・・・・・・・・・・・・・・・・・・・・・・・・・・・・・・・　*99*

　　⑴　労働者側の当事者・・・・・・・・・・・・・・・・・・・・・・・・・・・・・・・・　*100*

　　⑵　使用者側の当事者・・・・・・・・・・・・・・・・・・・・・・・・・・・・・・・・　*101*

　4．団体交渉の担当者・・・・・・・・・・・・・・・・・・・・・・・・・・・・・・・・・・　*101*

　　⑴　労働者側の担当者・・・・・・・・・・・・・・・・・・・・・・・・・・・・・・・・　*102*

　　労務屋の横道⑮〜組合役員の人事・その2

　　⑵　使用者側の担当者・・・・・・・・・・・・・・・・・・・・・・・・・・・・・・・・　*104*

　5．複数組合主義・・・・・・・・・・・・・・・・・・・・・・・・・・・・・・・・・・・・・・　*104*

　　労務屋の横道⑯〜排他的交渉代表制について

　　労務屋の横道⑰〜コンプライアンスの視点

　6．誠実交渉義務・・・・・・・・・・・・・・・・・・・・・・・・・・・・・・・・・・・・・・　*110*

　　労務屋の横道⑱〜労働組合側の誠実交渉義務

　7．団体交渉の打ち切り・・・・・・・・・・・・・・・・・・・・・・・・・・・・・・・・　*114*

　8．団体交渉事項・・・・・・・・・・・・・・・・・・・・・・・・・・・・・・・・・・・・・・　*115*

　9．労使協議・・・　*120*

労務屋の横道⑲～労使の話し合いの場

労務屋の横道⑳～労使協議会の効用

10．苦情処理・・・・・・・・・・・・・・・・・・・・・・・・・・・・・・・・・ 125

労務屋の横道㉑～相互の立場の理解

第4章　団体行動権・・・・・・・・・・・・・・・・・・・・・・・・・・・・ 127

1．団体行動権・・・・・・・・・・・・・・・・・・・・・・・・・・・・・・・・ 128

2．争議行為に対しての法的な保護・・・・・・・・・・・・・・・・ 130

⑴　刑事免責・・・・・・・・・・・・・・・・・・・・・・・・・・・・・・・・ 131

⑵　民事免責・・・・・・・・・・・・・・・・・・・・・・・・・・・・・・・・ 133

⑶　不利益取り扱いからの保護・・・・・・・・・・・・・・・・・ 135

⑷　「正当な」争議行為とは・・・・・・・・・・・・・・・・・・・ 136

　①主体の正当性・・・・・・・・・・・・・・・・・・・・・・・・・・・ 136

　②目的の正当性・・・・・・・・・・・・・・・・・・・・・・・・・・・ 138

　③態様の正当性・・・・・・・・・・・・・・・・・・・・・・・・・・・ 140

　　ア）一般的な基準・・・・・・・・・・・・・・・・・・・・・・・ 140

　　イ）ストライキ（同盟罷業）・・・・・・・・・・・・・・・ 142

労務屋の横道㉒～ストライキをやらない労働組合

　　ウ）スローダウン（怠業）・・・・・・・・・・・・・・・・ 145

　　エ）順法闘争・・・・・・・・・・・・・・・・・・・・・・・・・・・ 145

　　オ）ピケッティング・・・・・・・・・・・・・・・・・・・・・ 146

　　カ）ボイコット・・・・・・・・・・・・・・・・・・・・・・・・・ 148

　　キ）生産管理・・・・・・・・・・・・・・・・・・・・・・・・・・・ 149

　　ク）その他・・・・・・・・・・・・・・・・・・・・・・・・・・・・・ 150

労務屋の横道㉓〜イデオロギーか生活か

　④手続の正当性 ・・・・・・・・・・・・・・・・・・・・・・・・・・・・・・・・・・ *152*

労務屋の横道㉔〜労使の自治

　3．使用者側の対応 ・・・・・・・・・・・・・・・・・・・・・・・・・・・・・・・ *156*

　⑴　使用者の操業継続の自由 ・・・・・・・・・・・・・・・・・・・・ *156*

　⑵　ロックアウト ・・・・・・・・・・・・・・・・・・・・・・・・・・・・・・ *158*

　4．争議行為中の賃金 ・・・・・・・・・・・・・・・・・・・・・・・・・・・・・ *160*

　5．争議行為不参加の者の賃金 ・・・・・・・・・・・・・・・・・・・ *164*

　6．組合活動 ・・・・・・・・・・・・・・・・・・・・・・・・・・・・・・・・・・・・・ *167*

　⑴　組合活動の法的保護 ・・・・・・・・・・・・・・・・・・・・・・・・ *167*

　⑵　正当な組合活動とは ・・・・・・・・・・・・・・・・・・・・・・・・ *169*

　①主体の正当性 ・・・・・・・・・・・・・・・・・・・・・・・・・・・・・ *169*

　②目的の正当性 ・・・・・・・・・・・・・・・・・・・・・・・・・・・・・ *170*

　③手続の正当性 ・・・・・・・・・・・・・・・・・・・・・・・・・・・・・ *170*

　④態様の正当性 ・・・・・・・・・・・・・・・・・・・・・・・・・・・・・ *171*

　　ア）リボン闘争 ・・・・・・・・・・・・・・・・・・・・・・・・・・・ *171*

　　イ）ビラ貼り ・・・・・・・・・・・・・・・・・・・・・・・・・・・・・ *173*

　　ウ）ビラ配り ・・・・・・・・・・・・・・・・・・・・・・・・・・・・・ *174*

第5章　労働協約 ・・・・・・・・・・・・・・・・・・・・・・・・・・・・・・・・ *177*

　1．労働協約とは ・・・・・・・・・・・・・・・・・・・・・・・・・・・・・・・・ *178*

　2．規範的効力 ・・・・・・・・・・・・・・・・・・・・・・・・・・・・・・・・・・ *181*

　3．労働協約の要式性 ・・・・・・・・・・・・・・・・・・・・・・・・・・・・ *184*

　4．有利性原則 ・・・・・・・・・・・・・・・・・・・・・・・・・・・・・・・・・・ *186*

5．協約自治とその限界 ・・・・・・・・・・・・・・・・・・・・・・・・・・・・・・・・ *189*

6．就業規則との優劣 ・・・・・・・・・・・・・・・・・・・・・・・・・・・・・・・・ *192*

7．規範的効力の及ぶ範囲 ・・・・・・・・・・・・・・・・・・・・・・・・・・ *193*

　労務屋の横道㉕〜人事協議ないし同意条項

8．債務的効力 ・・・・・・・・・・・・・・・・・・・・・・・・・・・・・・・・・・・・・・ *196*

9．労働協約の規範的部分と債務的部分 ・・・・・・・・・・・・・ *197*

10．労働協約による労働条件の不利益変更 ・・・・・・・・・・・ *200*

　労務屋の横道㉖〜不利益な提案

11．就業規則による労働条件の不利益変更 ・・・・・・・・・・・ *203*

12．労働条件の不利益変更（労働協約と就業規則） ・・・・・・・・・ *207*

　労務屋の横道㉗〜裁判官の目

13．労働協約の一般的拘束力 ・・・・・・・・・・・・・・・・・・・・・・・ *208*

　⑴　一般的拘束力とは ・・・・・・・・・・・・・・・・・・・・・・・・・・・・ *208*

　⑵　一般的拘束力の効用 ・・・・・・・・・・・・・・・・・・・・・・・・・ *211*

　⑶　１つの工場事業場とは ・・・・・・・・・・・・・・・・・・・・・・・ *213*

　⑷　常時使用される労働者とは ・・・・・・・・・・・・・・・・・・・ *214*

　⑸　同種の労働者とは ・・・・・・・・・・・・・・・・・・・・・・・・・・・・ *214*

　⑹　拡張適用される労働協約の範囲 ・・・・・・・・・・・・・・・ *215*

　⑺　少数組合との関係 ・・・・・・・・・・・・・・・・・・・・・・・・・・・・ *215*

　⑻　労働条件の不利益変更の場合 ・・・・・・・・・・・・・・・・・ *216*

14．労働協約の終了事由 ・・・・・・・・・・・・・・・・・・・・・・・・・・・ *218*

　⑴　有効期間の満了 ・・・・・・・・・・・・・・・・・・・・・・・・・・・・・・ *218*

　⑵　合意解約 ・・・・・・・・・・・・・・・・・・・・・・・・・・・・・・・・・・・・・ *219*

　⑶　一方的解約 ・・・・・・・・・・・・・・・・・・・・・・・・・・・・・・・・・・・ *219*

(4) 労働協約終了後の法律関係······························ *221*

第6章　不当労働行為·· *225*

1．不当労働行為とは······································· *226*

2．不当労働行為の趣旨····································· *229*

3．不利益取扱い··· *232*

(1) 不利益取扱いとは····································· *232*

(2) 不利益取扱いの態様··································· *234*

(3) 不当労働行為意思··································· *238*

(4) 処分理由の競合····································· *239*

(5) 第三者による強要··································· *241*

　🎁務屋の横道㉘〜組合嫌いの経営者

(6) 黄犬契約··· *244*

4．団体交渉拒否··· *244*

5．支配介入··· *246*

(1) 支配介入とは······································· *246*

(2) 不当労働行為意思の要否····························· *248*

　🎁務屋の横道㉙〜不当労働行為意思

(3) 支配介入の主体····································· *251*

(4) 使用者による意見表明と言論の自由··················· *252*

(5) 使用者による施設管理権の行使······················· *254*

(6) 大量査定差別······································· *255*

(7) 複数組合主義と団体交渉····························· *257*

①基本となる考え方··································· *257*

—10—

②併存組合に対する便宜供与についての差別・・・・・・・・・・・・ *260*

6．不当労働行為の救済手続き・・・・・・・・・・・・・・・・・・・・・・・・・ *262*

⑴　初審手続（都道府県労働委員会）・・・・・・・・・・・・・・ *262*

⑵　不当労働行為事件の審査の手続・・・・・・・・・・・・・・・ *263*

⑶　不当労働行為の申立期間・・・・・・・・・・・・・・・・・・・・・ *265*

⑷　救済命令の種別・・・・・・・・・・・・・・・・・・・・・・・・・・・・・ *266*

⑸　救済命令の限界・・・・・・・・・・・・・・・・・・・・・・・・・・・・・ *268*

①バックペイと中間収入の控除・・・・・・・・・・・・・・・・・・ *269*

②ポスト・ノーティス・・・・・・・・・・・・・・・・・・・・・・・・・ *270*

③抽象的不作為命令・・・・・・・・・・・・・・・・・・・・・・・・・・・ *272*

⑹　救済の必要性・・・・・・・・・・・・・・・・・・・・・・・・・・・・・・ *272*

⑺　中労委（再審査）手続・・・・・・・・・・・・・・・・・・・・・・・ *273*

第7章　争議調整・・・・・・・・・・・・・・・・・・・・・・・・・・・・・・・ *277*

1．自主的調整の原則・・・・・・・・・・・・・・・・・・・・・・・・・・・ *278*

2．労働争議の定義・・・・・・・・・・・・・・・・・・・・・・・・・・・・・ *280*

3．争議調整手続き・・・・・・・・・・・・・・・・・・・・・・・・・・・・・ *280*

⑴　あっせん・・・・・・・・・・・・・・・・・・・・・・・・・・・・・・・・・ *281*

⑵　調停・・・・・・・・・・・・・・・・・・・・・・・・・・・・・・・・・・・・ *282*

⑶　仲裁・・・・・・・・・・・・・・・・・・・・・・・・・・・・・・・・・・・・ *283*

労務屋の横道㉚〜あとがきに代えて…労働組合に対する期待

序　章　労働組合法を
　　　　学ぶ前に

1. 労働法とは
2. 労働法の誕生
3. 憲法と労働法

1．労働法とは

皆さんも「労働法」という言葉を聞いたことがあるかと思います。では、労働法というのは六法全書のどこに載っているのでしょう。探してみてください。

「見つかりませんか？」

皆さんのお手元の六法（例えば「小六法」）は薄いものなので載ってないのでしょうか。

そうではありません。

実は、「労働法」という名称のついた法律はないのです。

後ほど出てきますが、皆さんも名前ぐらいは聞いたことのある労働基準法、労働組合法など数多くの労働に関する法律を総称して労働法というのです。

2．労働法の誕生

(1)　労働法誕生以前

一言で労働法の誕生といっても、国によって違いますし、それを細かくご紹介することもできません。

労働法は「市民法の修正」あるいは「民法の特別法」などといわれます。

市民革命（例えばフランス革命）の理想として掲げたのは、「自由」で「平等」な社会でした。

人間は全て平等という前提で、各人が自分の能力を発揮して自由に活動していけば（端的にいえば、「お金儲け」にいそしめば）世の中は自

ずと発展すると考えたのです。

　国は余計な干渉をしないで、最低限のこと（国防・警察など）をしてくれればよいということです。このような考えかたに立って民法という法律ができています。

　民法の三大原則というものがあります。ちょっと紹介しておきましょう。以下の３つです。
①私的自治の原則
　　≒「契約自由の原則」です。
②所有権絶対の原則
③過失責任の原則
　過失（不注意）がなければ責任（損害賠償など）は負わなくてよいということです。
　当時は労働法などというものはありません。ですから「雇用契約」は民法等が中心に規制します。
　そこでどんなことがおきたかというと、なんとなく想像できます。
　雇用契約（雇う者と雇われる者の契約のこと）を民法の原則通りで運用すると、次のような結果になりがちです。

　雇い主は考えます。
　「仕事が増えたので人を雇いたい。できれば賃金が安くて長時間（例えば、１日12時間）働いてもらいたい。景気の動向もよく分からないので、必要がなくなったら即解雇したい」

雇われる側は考えます。

「雇い主から示された条件は大変きついものだ。でもここで就職しておかなければ明日から生活できない。失業しているからといって誰も（国も）面倒みてくれない。自分が応募しなくても働きたいと思っている人は大勢いる。ガマン、ガマン」

双方のこんな思いを背景に、「各人の自由な意思」で（長時間・低賃金・即解雇可能な）雇用契約が成立するのです。これが「私的自治の原則」の帰結なわけです。

生産手段を持っている方が実質的には圧倒的に強いのです。（「所有権絶対の原則」）

さらには、長時間労働の疲労が原因で労働災害がおこっても、「作業者の不注意の方が原因だ。雇い主には責任はない」ということにもなります。（「過失責任の原則」）

「どんな商売をするのも自由」ですから、こんな状況に乗じて、「職業紹介」と称して労働者からピンハネをしたり、人身売買まがいの商売をする者も横行する、大変悲惨な状態だったことが想定されます。

(2) 労働法の誕生

このように、使用者と労働者の関係に、民法の原則を適用すると、様々な不都合が生じます。

それはどうしてでしょう。今までお話ししてきたことでお分かりでしょう。考え方の大前提である「契約当事者の平等」、即ち雇用契約に置き換えれば、雇う側の使用者と雇われる側の個々の労働者は平等で対等

—16—

な立場にあるという原則自体に無理があるからです。

　いつの時代でも、ごく少数の例外を除けば、使用者と労働者とは実質は平等でも対等でもありません。いろいろな場面で、経済的にもその他の点でも使用者の方が優位にあるというのが実態だと思います。

　そこで、民法の原則を修正して、一定の範囲で弱者の立場に置かれがちな労働者の保護を図ろうとするのが、労働法成立の背景にある考え方です。

3．憲法と労働法

　ここで、憲法の労働基本権に関する規定をご紹介します。条文を読んでみましょう。最初は27条です。

憲法第27条（勤労の権利・義務、勤労条件の基準、児童酷使の禁止）
　すべて国民は、勤労の権利を有し、義務を負ふ。
2　賃金、就業時間、休息その他の勤労条件に関する基準は、法律でこれを定める。
3　児童は、これを酷使してはならない。

　この条文で特に着目しておいていただきたいのは第2項です。

　私的自治の原則のもとでは、契約の内容（ここでは雇用契約における労働条件…賃金、就業時間など）は当事者の自由な意思で決めることであり、本来国は干渉してはならないはずです。ところが、その契約内容の基準を法律で定めるということは、国が契約内容に干渉するということですから、契約自由の原則を憲法が大幅に修正していることになります。

次は28条です。

憲法第28条（勤労者の団結権・団体交渉権その他団体行動権）
　勤労者の団結する権利及び団体交渉その他の団体行動をする権利は、これを保障する。

　いわゆる**労働三権**といわれるものがこの条文で保障されています。労働三権ぐらいは常識として皆さんもご存じかと思いますが、一応、確認しておきましょう。

　①団結権

　②団体交渉権

　③団体行動権

　（以上は、拙著「口述　労働法入門」より引用）

　簡単に、上記三権の内容についてふれておきましょう。

　1番目の団結権は、端的にいえば労働者が労働組合を作り、即ち団結し、そしてその組織の中で活動し運営をする権利です。

　2番目の団体交渉権は、労働組合が使用者に対して、労働者の労働条件や労働組合と使用者の間の関係（労使関係）のルール等について交渉を申し入れ協議する権利です。これを使用者の側から見ると、労働組合から団体交渉を要求されたら原則として断れないという義務を負うことになります。

　3番目の団体行動権とは、労働組合という団体が、少し硬い表現ですが、労働組合ならではという労働組合固有の行動をする権利です。

　端的にいえば、ストライキ等の争議権の行使とその他の組合活動（ビラ配布等）をすることができる権利のことです。

—18—

労務屋の横道 ①〜労働三権

　皆さんは、労働三権のうちで最も大切なものはどれだと思いますか？

　いろいろな答えがあり得ると思います。

　私よりも年代の上の方の多くは、「団結権」だとお答えになる方が多いようです。「万国の労働者よ団結せよ」の言葉が頭の片隅に残っているのかもしれません。中には、「団体行動権とりわけ争議権」等と勇ましいことをいわれる方もいらしゃるでしょう。

　私は「団体交渉権」が一番大切だと思っています。

　団体交渉をして、より良い労働条件を勝ち取るために、団結権はその前提であり、団体行動権はその手段であると考えられるからです。

　しかし、団結して団体行動（とりわけ争議権の行使）をしても、経営者を困らせて挙句の果てに会社を潰してしまっては、何のための労働三権だろうと思いませんか？

　本書も基本的には、この視点にたって書かれていることを、事前にお断りしておきます。

—19—

では、労働組合法の内容に徐々に入っていきましょう。

　国の基本となる憲法という最高法規に、このような労働三権といった労働基本権が保障されているというのは非常に重要なことだといわれます。そのことにはどのような意味があるのでしょうか。そしてそれは、どのような効果を持つのでしょうか。

　憲法の人権の種類と関連して大きく分けて２つの効果があると考えられています。少し、難しい言葉ですが、自由権的効果と社会権的効果と呼ばれるものです。

　ここで、前提として憲法の人権における自由権と社会権の違いについて簡単にふれておきましょう。

　自由権とは、基本的人権の一種で、国家や地方公共団体等の公の権力から制約を受けたり強制されたりしないことです。つまり、国家等が国民の生活に関与しないので、国民は自由にものを考え、自由に行動できる権利のことをいいます。国などの公権力に国民があ あだ、こうだと干渉されないで自由に行動できるという権利です。

　この自由権は、人権の中でも長い歴史を持っており特に重要であるといわれ、精神的自由権、経済的自由権、人身の自由に大別することができます。

　今後の話を考慮して、ここでは経済的自由権のうち財産権に関する憲法の条文をあげておきましょう。

> **憲法第29条**（財産権）
>
> 　財産権は、これを侵してはならない。
>
> 2　財産権の内容は、公共の福祉に適合するやうに、法律でこれを定める。
>
> 3　私有財産は、正当な補償の下に、これを公共のために用ひることができる。

　これに対して社会権とは、これも基本的人権の一種で、社会で生きていく上で人間が人間らしく生きるための権利です。自由権と反対で国家等の公の力が国民の生活の中に積極的に関与する性格を持っています。社会権には生存権、教育を受ける権利、労働基本権などの権利があります。人権としては比較的に新しく誕生したものです。

　社会権の大元ともいえる生存権などはその代表的な権利ですから、条文をあげておきましょう。有名な条文なので皆さんも聞いたことがあるかと思います。

> **憲法第25条**（生存権及び国民生活の社会的進歩向上に努める国の義務）
>
> 　すべて国民は、健康で文化的な最低限度の生活を営む権利を有する。
>
> 2　国は、すべての生活部面について、社会福祉、社会保障及び公衆衛生の向上及び増進に努めなければならない。

　憲法28条の自由権的効果からは、憲法より序列が下である国会や地方公共団体が制定する通常の法律等や行政の行為で、労働基本権を制限ないし制約してはならないという効果が出てきます。

　例えば、国会や行政が労働組合の結成を合理的な理由もなしに禁止し

—21—

たり制限するような法律を制定したり行政行為を行っても、それは憲法違反ですので効力をもたないということです。

　これに関しては、警察・消防職員などの団結権の制限、国家公務員等の団体交渉権の制限等が問題となります。

　日本の歴史においても、明治時代に制定された治安警察法等は、実際は労働者が団結することを禁止する機能を持ったといわれます。その後も行政執行法や警察犯処罰令などにより、労働運動は押さえつけられました。こうした歴史の過ちを繰り返さない、即ち国家等の権力が労働組合の結成や運営を押さえつけてはならないとして、憲法にこの条項が規定されたのです。現代に生きる私たちも、こうした歴史の重みを感じる必要があると思います。

　後者の社会権的効果が意味することは、次の通りです。
　憲法28条が定める労働基本権の目標とする政策にそうように、現実の個々の使用者と労働者の間にある労使関係が実際に機能するように法律などを作り、それを実行することを国（具体的には国会等）に求めているのです。
　前にお話ししたように、使用者と労働者の労使関係における力関係をみると、前者の自由権的効果、即ち労使に任せるだけでは不十分と考えたのです。国等が積極的に、より労働者が労働基本権を実際に受けることができるように関与していかなければならないと考えたのです。
　これらの考えが基本にあって、戦後すぐに現実に労働組合法という法律がつくられたのです。

労務屋の横道 ②〜自由権と社会権（労働三権）

　労働組合法や労働組合に関する本を読むと感じることがあります。それは比較的早くからある自由権と、新しくできた社会権が拮抗する場面で、その筆者がどの立ち位置で考えているのかということです。

　前者の自由権は以前からある人権で、具体的には財産権（営業の自由等も含む）、言論の自由、表現の自由等で主に使用者側が重点を置くとされる権利です。後者の社会権は新しく登場した人権で、ここでは労働三権が具体的に問題となり、もっぱら労働者側が重点を置くとされる権利です。

　ある書物を読むと、この筆者は「自由権が基本であるところに、労働三権が特別に認められたのだから、労働三権を限定的、抑制的にとらえるべきだ」と考えられているように思うことがあります。

　また他の書物を読むとこの筆者は、「個々の労働者は使用者に対して絶対的に弱者の立場に立つという前提で労働三権が認められたのだから、弱者救済の観点から、労働三権をより拡張的にとらえるべきだ」と考えられているように思うことがあります。

　そこで、ではお前の立ち位置はどうかということになりますが、私は実務しか知らないため、時と場面によって両者の間のどこかに立ち位置が決まるのです。

　しかし、労使双方が誠実に話し合った結果を最大限尊重しよう

という「労使の自治の尊重」が正義であるという立ち位置は変わりません。本書の内容も労使の自治には最大限の尊重を置いたつもりです。

労働組合法では、法律の目的について次のように書かれています。よくかみしめて読んでください。

労働組合法第1条（目的）
　この法律は、労働者が使用者との交渉において対等の立場に立つことを促進することにより労働者の地位を向上させること、労働者がその労働条件について交渉するために自ら代表者を選出することその他の団体行動を行うために自主的に労働組合を組織し、団結することを擁護すること並びに使用者と労働者との関係を規制する労働協約を締結するための団体交渉をすること及びその手続を助成することを目的とする。

　こうした労働基本権等が、元を正せば国の最高法規である憲法に定められているということは、いうまでもなくこれらの権利の保障が非常に強い効力を持つことを意味します。

　憲法改正とか革命かクーデターでもおきない限り無くなることはない権利なわけです。国権の最高機関である国会といえども無くすることはできないのです。

　参考までに、憲法改正手続きに関する憲法の条文をあげておきます。

憲法第96条（憲法改正の手続）

　この憲法の改正は、各議院の総議員の三分の二以上の賛成で、国会が、これを発議し、国民に提案してその承認を経なければならない。この承認には、特別の国民投票又は国会の定める選挙の際行はれる投票において、その過半数の賛成を必要とする。

　余談ですが、憲法にはこんな条文もありますのでご参考までにあげておきます。

憲法第12条（自由・権利の保持義務、濫用の禁止、利用の責任）

　この憲法が国民に保障する自由及び権利は、国民の不断の努力によって、これを保持しなければならない。又、国民は、これを濫用してはならないのであって、常に公共の福祉のためにこれを利用する責任を負う。

労務屋の横道 ③〜憲法の考え方

　憲法は、その27条2項で、「賃金、就業時間、休息その他の勤労条件に関する基準は、法律でこれを定める。」と謳い、その上で、28条で「勤労者の団結する権利及び団体交渉その他の団体行動をする権利は、これを保障する。」と謳っています。

このことを単純化して分かりやすくいうならば、「働く上での最低の労働条件は国が法律で決めて、違反者には罰則等を定めて使用者に守らせる（典型例として労働基準法）ので、それ以上の労働条件を望むのであれば、労働者に労働三権を保障するから、労働組合を作って使用者と交渉しなさい」ということが書かれているのではないでしょうか。

　これを前提に考えてみると、現状で日本の労働組合の組織率が低いのは、多くの人が、法定の最低基準に満足していて、それ以上の良い労働条件は望んでないか、あるいは人任せという結論になります。しかし、これは本当でしょうか？

　労働組合の組織率低下については、いろいろ原因が語られています。例えば、もともと組合組織率の低い第三次産業従事者の増加、労働者の意識の個人主義化、労働組合の組織拡大の努力不足等です。私自身には、そのようなことについて語る資格はないことは重々承知していますが、1つ思いあたることがあります。

　それは、日本経済の成長を支えてきた一因といわれる企業別労働組合の効用を、労使（組合側だけではなく使用者側も）ともに企業の枠を超えて語ってこなかったことです。

　日本的労使関係の良さが、労働組合のない企業の使用者にも、そして労働者にも、伝わっていないところに一因があるのではないかと私は考えるのです。

第1章　労働組合法の
　　　　登場人物

1．労働者
2．使用者
3．労働組合
4．その他の登場人物

それでは、労働組合法の講義を始めたいと思います。

労働組合法のお話をするにあたって、まずはそこにおける登場人物を紹介しておきましょう。

主な登場人物は、「労働者」、「使用者」、「労働組合」の三者です。その他に「労働委員会」といった聞きなれない名前の者もいます。

以下、それぞれについてご紹介してまいりましょう。

1. 労働者

最初に登場するのは「労働者」です。

「労働者」って、読んで字のごとく「働く人」のことだろう？他に何か難しい意味でもあるのかい？と、思われる方もいらっしゃるかもしれませんが、それがあるのです。少しお付き合いください。

労働組合法に、「労働者」とは何かということが書かれています。労働組合法の3条をご覧ください。

> 労働組合法第3条（労働者）
>
> 　この法律で「労働者」とは、職業の種類を問わず、賃金、給料その他これに準ずる収入によって生活する者をいう。

同じ労働法といわれる分野でも、労働基準法や労働契約法とでは「労働者」の定義が若干異なるのです。

それでは条文を見ていきましょう。最初は労働基準法です。

労働基準法第9条（定義）

　この法律で「労働者」とは、職業の種類を問わず、事業又は事務所（以下「事業」という。）に使用される者で、賃金を支払われる者をいう。

次は労働契約法です。

労働契約法第2条（定義）

　この法律において「労働者」とは、使用者に使用されて労働し、賃金を支払われる者をいう。

　労働組合法と労働基準法等ではどこが違うのでしょうか？

　するどい読者はすぐお気づきになったでしょう。

　そうなのです。労働基準法や労働契約法には入っている「使用される者」とか「使用されて」の語が労働組合法には入っていないのです。

　少し学術的な表現を使うと、労働組合法上の労働者には「使用従属性」のしばりがかけられていないのです。それだけに労働基準法等の場合に比べて労働者の範囲がより広い意味となるのです。

　余計な話ですが、私はこの「従属性」という言葉は「いいなりになる」というニュアンスが感じられてあまり好きではありません。

　横道にそれましたけど、労働契約を結んで働いていない人、使用者等の指揮監督の下で働いていない人でも（即ち「使用されて」いない人でも）労働組合法の上では「労働者」として登場人物になる可能性があるということです。

　つまり、労働基準法や労働契約法の上では、これらの法律が定める労働条件などを労働者として保護を受けられない者でも、労働組合法の上

—29—

では団結権の保障や団体交渉の促進という点で、労働者としての保護を受ける立場になり得るというわけです。

　いい換えれば労働組合法上の労働者は、使用されるという関係よりも「賃金、給料その他これに準ずる収入によって生活する」という社会で生活をし、経済生活の上での位置づけにあるということを重く見たものといえるでしょう。

　より、具体的な例で説明しましょう。

　まず念頭に浮かぶのは「失業者」です。失業者は、「使用される者」でも「使用されている者」でもありません。即ち誰かの指揮監督の下で働いているわけでもないので、労働基準法、労働契約法上の労働者には該当しませんが、労働組合法上の労働者には該当すると考えられているのです。

　条文上も、「使用される者で、賃金を支払われる者（労働基準法）」ではなく、「賃金、給料その他これに準ずる収入によって生活する者」（労働組合法）となっていますから、現実は収入を得ていなくても、本来は賃金、給料その他これに準ずる収入を得て生活する位置づけにあるものという意味で、失業者も労働組合法の上では労働者に含まれることになるのです。

　続いて、一見「自営業者」と思われるような人（契約の形式が「雇用契約」「労働契約」でなく、例えば「委託契約」で仕事をしている人）でも、労働組合法上は労働者ではないかということが問題とされることがあります。これに関してはいくつかの判例を紹介しておきましょう。

●判例紹介●

INAXメンテナンス事件（最判平23. 4. 12）

（事案の概要）

　会社（住宅設備機器の修理等を業とする）が、業務委託契約を締結して修理業務に従事するカスタマーエンジニア（以下、CE）が加入した労働組合から団体交渉の申し入れを受け、CEは労働者に該当しないとして申し入れを拒絶したことに対して、中央労働委員会が同社に団体交渉に応じるよう命じた。そこでこの命令の取り消しを求めて会社が訴えをおこした。

（判決の要旨）

　……CEは、……会社の事業の遂行に不可欠な労働力として、その恒常的な確保のために……会社の組織に組み入れられていた。……会社がCEとの間の契約内容を一方的に決定していた。……CEの報酬は、……労務の提供の対価としての性質を有するものということができる。

　……各当事者の認識や契約の実際の運用においては、CEは、基本的に……会社による個別の修理補修等の依頼に応ずべき関係にあったものとみるのが相当である。

　……CEは、……会社の指定する業務遂行方法に従い、その指揮監督の下に労務の提供を行っており、かつ、その業務について場所的にも時間的にも一定の拘束を受けていたということができる。

　以上の諸事情を総合考慮すれば、CEは、会社との関係において労働組合法上の労働者に当たると解するのが相当である……。

新国立劇場運営財団事件（最判平23. 4. 12）

（事案の概要）

　年間を通して多数のオペラ公演を主催している新国立劇場運営財団（以下、「財団」）が、毎年実施する合唱団員選抜の手続において、音楽家等の個人加盟による職能別労働組合に加入している合唱団員1名を不合格とし、その合唱団員の不合格に関する組合からの団体交渉の申入れに応じなかった。財団は、東京都労働委員会から、団体交渉に応ずべきこと等を命じられ、中労委の再審査においてもこれを棄却する旨の命令を受けたため、その取消しを求めて訴えをおこした。

（判決の要旨）

　契約メンバーは、……各公演の実施に不可欠な歌唱労働力として……財団の組織に組み入れられていた。……各当事者の認識や契約の実際の運用においては、契約メンバーは、基本的に……財団からの個別公演出演の申込みに応ずべき関係にあった。

　……出演基本契約の内容は、……財団により一方的に決定され、契約メンバーがいかなる態様で歌唱の労務を提供するかについても、専ら……財団が、一方的に決定していた。

　契約メンバーは、……財団の指揮監督の下において歌唱の労務を提供していた。契約メンバーは時間的にも場所的にも一定の拘束を受けていた。……その報酬は、歌唱の労務の提供それ自体の対価である。

　以上の諸事情を総合考慮すれば、契約メンバーである……は、……財団との関係において労働組合法上の労働者に当たると解するのが相当である。

同じ日に出された2つの最高裁判決において、労働組合法上の労働者を判断する際に総合的に考えるべき諸々の事情が示されました。契約を名前だけで形式的に解釈をするのではなく（即ち「委託契約だから労働者ではないと」と考えるのではなく）、労働を提供する関係の実態に即して判断する必要があることが明らかにされたのです。

　身近な例としては、プロ野球の選手などもイメージとしては「労働者」という感じは皆さんも持っていないでしょう。

　確かにプロ野球選手等は税制法上では独立の事業者とされ、バットやグラブといった用具はスポンサーからの提供や自前調達している等、労働基準法上の労働者とはいい難いわけです。しかしながら日本プロフェッショナル野球組織（団交応諾仮処分）事件（東京高決平16.9.8）等は、労働組合法上の労働者性を認めた判決として、皆さんも聞かれたことがあると思います。

　この場合、最低年俸制、年金制度、トレード制などの待遇が団体交渉事項となり得ることや、球団による指揮命令という状態が存在すること等が考慮されたものと考えられます。

　要は、労働基準法や労働契約法上の労働者としての労働条件等の保護は受けなくても、労働組合法上は労働者として、団結して使用者と団体交渉をすることは認めてもよいという考え方です。

　より具体的にいえば、労働基準法では、労働条件の最低基準の保障をしなければならない労働者とは誰かという見方でその範囲を決めることになりますし、労働組合法では、労働三権（団結権、団体交渉権、団体

行動権）の保障を及ぼすべき労働者とは誰かという見方になるわけです。このような視点から、最初にあげた「労働者」についての定義規定がなされているのです。

労務屋の横道 ④〜人事労務を担当して

　会社生活の多くを、人事労務の分野で仕事をさせていただきました。人事管理とか労務管理という言葉から受けるニュアンスは、生身の人間を管理するという非常に不遜な響きがあります。

　そうあってはならないと、思い続けて仕事をしてきたつもりです。例えばメーカーであれば、人事労務部門は、物作りにもその販売にも、直接携わることの無い、その意味では収益にはほとんど寄与しない部門です。にもかかわらず、存在意味があるとしたら、いかにライン部門に価値あるサービスを提供できるかです。

　私の場合はメーカーでしたので、とりわけ汗水流して働く現場（敬意を表し、敢えてこの言葉を使わせていただく）あっての自分ということを忘れないように心がけたつもりです。

　そのためには、いかに彼らの声に耳を傾けるかが大切です。その点労働組合は、働く者の意見の代表者です。そうした心境で、協議に臨めば、自ずと誠実な対応にならざるを得ないのです。そうすると相手にもその心情は伝わり、良好な関係が醸成されていくということを実感させてもらえることができたのは、私にとって大変貴重な体験でした。

2．使用者

2人目の登場人物が「使用者」です。

「労働者」と同じように、労働基準法や労働契約法には使用者とは何かということが書いてあります。

条文を確認しておきましょう。

労働基準法第10条（定義）

この法律で使用者とは、事業主又は事業の経営担当者その他その事業の労働者に関する事項について、事業主のために行為をするすべての者をいう。

労働契約法第2条（定義）

⋮

2　この法律において「使用者」とは、その使用する労働者に対して賃金を支払う者をいう。

ところが、労働組合法には、「使用者」とは何かに関する規定がないのです。これは、おそらく労働基準法等と異なり、労働組合法全体に共通した使用者という概念は考えにくく、例えば団体交渉や不当労働行為の支配介入等個別の場面ごとに、使用者とは何者なのかを考える必要があるからだと思います。その辺は、読み進めるうちにおいおい感じていただけるものと思います。

それはともかく、労働者と労働契約を締結している他方の契約の当事者が「使用者」であることは間違いありません。株式会社のような法人

であれば株式会社そのものであり、個人企業であればその代表者である個人なのです。

　その他、どのような立場にある者が、労働組合法上の使用者にあたるのでしょうか。例えば派遣元は、派遣労働者を直接雇用しているため、労働組合法第7条第2号の団体交渉に応じなければならない「使用者」にあたります。

　ここで、ちょっと条文を確認しておきましょう。

労働組合法第7条（不当労働行為）

　使用者は、次の各号に掲げる行為をしてはならない。

　　　　　　　　　　　　　　：

2　使用者が雇用する労働者の代表者と団体交渉をすることを正当な
　理由がなくて拒むこと。

　では派遣先は、労働組合法第7条第2号の「使用者」にあたらないのでしょうか。

　「派遣切り」ということが社会問題化した際に、派遣先が団体交渉に応じるべきか否かが議論になりました。この問題に関しては、労働者派遣法制定前の事案ですが、次の判例が参考になると思います。

●判例紹介●

朝日放送事件（最判平7.2.28）

（判決の要旨）

—36—

労働組合法7条にいう「使用者」の意義について検討するに、一般に使用者とは労働契約上の雇用主をいうものであるが、同条が団結権の侵害に当たる一定の行為を不当労働行為として排除、是正して正常な労使関係を回復することを目的としていることにかんがみると、雇用主以外の事業主であっても雇用主から労働者の派遣を受けて自己の業務に従事させ、その労働者の基本的な労働条件等について、雇用主と部分的とはいえ同視できる程度に現実的かつ具体的に支配、決定することができる地位にある場合には、その限りにおいて、右事業主は同条の「使用者」に当たるものと解するのが相当である……

　つまり判例は、労働者の基本的な労働条件について、労働契約の上での使用者と、「部分的とはいえ同視できる程度に現実的かつ具体的に支配、決定することができる地位にある場合」には、労働組合法7条の使用者に該当する可能性があるといっているのです。

　労働組合が組合員の雇用契約上の使用者と団体交渉で話合いをしようと思っても、名前だけ使用者で決定権限を持たないのならば、その「使用者」を相手にしても労働組合としての目的が達成できません。名前にこだわらず、実質的に決定できる相手と話をして、初めて実があがるということだと思われます。

　上記の判例と同様に、元請会社なども、事案によっては、下請け会社の労働者が加入する労働組合との団体交渉に応じなければならない可能性があるということです。

　また、子会社の労働組合から見た親会社、持ち株会社の使用者性等も同じような議論となる可能性があります。

労務屋の横道 ⑤〜第2労務部？

　日本の企業別組合を称して「第2労務部」とか「第2人事部」等と揶揄される方がいます。思うに私は、その裏側の存在として、日本の企業の労務部門の多くは「第2の組合」といった感覚を持った人間で構成されているように思うのです。

　組合役員は、「組合員」の福利の向上を考え求める、他方労務部門の者達も、「従業員」の福利の向上を常日頃から考えています。そして、ここで、「組合員」と「従業員」は、見る者の立ち位置の違いであり、基本的には同じ人間で構成されているのです。

　強いて違いをいえばこのようなことでしょうか。

　組合の主張は「先行投資として組合員の労働条件を上げれば、企業収益の向上にもつながる」です。一方、労務部門の人間は、「企業の収益が上がれば、その適正な配分として従業員の労働条件を改善できる」と主張する。実はどちらも基本的には、企業の発展と労働条件の向上を願っているのです。

　しかし前段の揶揄する方々は、日本の企業別労使関係は「運命共同体」だからいけないと主張します。敢えて反論するなら「運命共同体」がなぜ良くないのでしょうか。

　労使が、立ち位置の違いがありながらも広い意味では共通の価値観をもって、互いに話し合い切磋琢磨しながら良い共同体を作ろうという姿勢に何も恥じることは無いと私は思います。

3．労働組合

　最後の登場人物は「労働組合」です。労働組合法の上では、まさに主役といったところでしょうから、少し詳しく説明したいと思います。

　なお本題に入る前に、ここで労働組合を2つの見方から分類しておきたいと思います。耳慣れない言葉が出てくると思いますが、少しお付き合いください。1つ目は労働組合を構成する者の「属性」を基にする分け方であり、2つ目は労働組合を構成する者の「結びつきの仕方」による分け方です。

　前者（労働組合を構成する者の属性を基にする）では、およそ以下の4つに分けることができます。

①職種別組合といって、同じ職種に属する労働者が、産業とか所属企業の枠を超えて組織されます。クラフトユニオン等と呼ばれ、資格や技能等の熟練を要する職業に従事する者を対象とするものです。初期の労働組合はこの形態が多かったといわれます。

②産業別組合といって、同じ産業に属する労働者が、職種や所属企業の枠を超えて組織されます。厳密には労働者の個人加入による労働組合を指しますが、日本では各企業で組織されたこの後に出てくる企業別労働組合が産業別に組織したものを指していることが多いです。略して産別ともいいます。

③一般労働組合といって、職種にも産業にも関係なく、かつ所属企業の枠も超えて組織されます。日本でよく見られる、一定地域の労働者で組織される合同労組等はこの分類に入ると思われます。

—39—

④企業別組合といって、個々の企業ごとの労働者によって組織されます。日本では最も多い組織形態です。日本ではなぜ企業別組合が多いかというと、戦後は終身雇用制が普及したため、労働者全般が企業に対する帰属意識が強くなり、労働組合についても企業単位で捉えることが多くなったなどといわれています。ここでの終身雇用制とは、同一企業で定年まで雇用され続けるという、日本の正社員雇用における慣行のことをいいます。

　後者（構成する者の結びつきの仕方による）の分類方法では、およそ以下の３つに分けられます。

①単位組合ないし単位労働組合といって、個々の労働者が組合員となって組織されるものです。略して単組ともいいます。
②連合体ないし連合団体である労働組合といって、労働組合という団体が組織構成員となるものです。
③混合組織といって、個々の労働者と労働組合という団体の両方が組織構成員となるものです。

　なお、労働組合の全国的な組織として、日本労働組合総連合会（略して「連合」）等のナショナルセンターがありますが、これらは、労働組合の連絡協議機関であり、団体交渉を行うものでもないため労働組合法にいう労働組合にはあたらないと解されます。

それでは本題に入り、労働組合とは何かということが書かれている条文から紹介しましょう。

　その前に一言、お話ししておきます。

　ご紹介する労働組合法２条には、労働組合の定義が結構複雑な形で書かれています。なぜ、このような定義が必要なのでしょう。

　それは、この定義にあてはまる労働組合のみが、労働組合法で定めている様々な利益とか権利（代表的なものとして労働委員会による不当労働行為からの救済）を受けられるからです。

　この視点を踏まえて、以下の解説を聞いてください。

労働組合法第２条（労働組合）

　この法律で「労働組合」とは、労働者が主体となって自主的に労働条件の維持改善その他経済的地位の向上を図ることを主たる目的として組織する団体又はその連合団体をいう。但し、左の各号の１に該当するものは、この限りでない。

1　役員、雇入解雇昇進又は異動に関して直接の権限を持つ監督的地位にある労働者、使用者の労働関係についての計画と方針とに関する機密の事項に接し、そのためにその職務上の義務と責任とが当該労働組合の組合員としての誠意と責任とに直接にてい触する監督的地位にある労働者その他使用者の利益を代表する者の参加を許すもの

—41—

> 2 団体の運営のための経費の支出につき使用者の経理上の援助を受けるもの。但し、労働者が労働時間中に時間又は賃金を失うことなく使用者と協議し、又は交渉することを使用者が許すことを妨げるものではなく、且つ、厚生資金又は経済上の不幸若しくは災厄を防止し、若しくは救済するための支出に実際に用いられる福利その他の基金に対する使用者の寄附及び最小限の広さの事務所の供与を除くものとする。
>
> 3 共済事業その他福利事業のみを目的とするもの
>
> 4 主として政治運動又は社会運動を目的とするもの

　結構長い条文ですね。以下、労働組合の要件についてこの条文を分解しながら解説していきましょう。

(1)「労働者の団体」という要件

　労働組合とはとして、まずこの条文は「労働者が主体となって自主的に労働条件の維持改善その他経済的地位の向上を図ることを主たる目的として組織する団体又はその連合団体」という要件を大原則としてあげています。

　この要件を満たせばまず、労働者の団体は、先ほどお話しした企業別組合、産業別組合、職種別組合等、組織の形態にかかわらず労働組合となります。

　そして、これも先ほどもお話ししましたが、労働組合自体が構成員である連合団体も労働組合となり得ます。

　反面、この要件を満たさない限りは、いくら「……労働組合」ですと

名乗ったとしても、法的には労働組合ではないのです。

　労働者が集まって作った団体というのが１つの要件です。でもこれだけだとすると、社内のテニスサークルや親睦会も労働者が集まって作った団体ということで、労働組合ということになってしまいます。それはおかしいと、誰でもが思われるでしょう。

　それでは、何がそれらと違うのでしょう。それは、その団体が何を目的としてつくられたが違うのです。

　労働組合は「労働条件の維持改善その他経済的地位の向上を図ることを主たる目的として組織する団体」でなければならないのです。労働者の生活にかかわる、切実な目的なのです。

　「その他経済的地位の向上を図ること」とは、団体交渉を使用者と行う等の活動をすることによって得られるものなのです。

　しかし、あくまで「その他経済的地位の向上を図ること」は主たる目的であればよく、副次的な目的は他にあってもよいということです。

　先ほどの条文でいえば、

　3　共済事業その他福利事業のみを目的とするもの

　4　主として政治運動又は社会運動を目的とするもの

は、労働組合ではないと書かれています。

　これは、逆に読めば、「共済事業その他福利事業のみ」でなければ、いろいろな共済活動を副次的な目的としても労働組合足り得るし、「主として政治運動又は社会運動」でなければ政治運動又は社会運動をし、特定政党や特定の政治家を支持しようとも副次的な目的ならば、労働組

—43—

合性は失われないことになります。

　また、「労働者が主体となって」というのは、労働者が人数的にもその労働組合の主要部分を占めており、実質的にも労働者が組合の運営・活動を主導している必要があります。

　逆にいえば労働者のみで構成されている必要性も無いと解されています。端的にいえば、学生や一般市民が組合員の一部に含まれていても構わないということになります。

　ここで「一人組合」という問題にふれておきます。

　労働組合の要件には「団体」という語が入っています。「団体」というのですから、最低2人の構成員が必要です。このことから、構成員が1人だけでは原則労働組合とはいいません。

　原則といいましたのは、何らかの理由で一時的に構成員が1人となった場合でも、将来構成員が複数になる可能性があるならば、いまだ団体性の要件は失わないと考えられているからです。

労務屋の横道 ⑥〜組織率100%

　日本の労働組合の組織率が20％を切ってから相当の年月が経ちます。この話になると、労働組合のリーダー達も元気が無さそうです。

　でも、このように考えたらどうでしょうか。

　日本の多くの組合の形態である企業別組合で、かつ後ほど解説するユニオン・ショップ制を採用していれば、意識的に非組合員の範囲に入れている管理職等の例外を除き、組織率100％の労働組合が多いはずです。

　そこで扱う労使間の課題のほとんどはその企業独自のものでしょうから、当該組合は組合員（≒従業員）全員を代表する資格を十二分に持った組織ということになります。まさに、組織率100％に近い強い力を持った労働組合といえます。

　その組合が、当該企業における労使間において成果をあげていって、それが社会全般に広がっていけば自ずと全体の組織率も向上するはずです。

　では、なぜそうならないのでしょう？

　いくつか原因は考えられますが、こうした労使間の成果やメリットが労働組合未組織の労使に伝わっていないことに、その大きな一因があると考えるのは私だけでしょうか。

(2) 自主性の要件

　先ほどの労働組合法2条には「自主的に」とあります。

　「自主的に」というのは、外部からのいろいろ指図を受けずに独立している状態をいいます。自主独立という言葉があります。ここではとりわけ、使用者から独立しているかどうかを問題にしているのです。使用者の指示によって結成されたり運営されている組合は、俗にいう御用組合で自主的とはいえないのです。このことは組合の結成時だけでなく、その後の維持・運営にも必要な要件です。但し、横道にそれるかもしれませんが、「労使協調＝御用組合」なる意見を、私は基本的に間違っていると考えています。

　「自主的に」の具体的内容として、同条は次のような事実があると、その要件を欠きますよといっています。

「1　役員、雇入解雇昇進又は異動に関して直接の権限を持つ監督的地位にある労働者、使用者の労働関係についての計画と方針とに関する機密の事項に接し、そのためにその職務上の義務と責任とが当該労働組合の組合員としての誠意と責任とに直接にてい触する監督的地位にある労働者その他使用者の利益を代表する者の参加を許すもの

2　団体の運営のための経費の支出につき使用者の経理上の援助を受けるもの。」

＜1号部分＞

　まず、1号では、これらに該当するものをまとめて利益代表者といいますが、そういう者達が労働組合に参加すると自主性に欠けることにな

るといっているのです。

　組合規約や労働協約で組合員の範囲として、当該企業で管理職と呼ばれる人たちを、非組合員としている例が多いですが、管理職の中には上記1に該当する可能性のある者が多いからです。

　但し、注意して欲しいのは、「管理職」と呼ばれる人のすべてが、1の範囲に入るわけではないということです。

　ここで厳密性を欠くかもしれませんが、具体的なイメージを説明させていただきます。

・「役員」とは、株式会社でいえば代表取締役、取締役とか監査役等をいいます。

・「雇入解雇昇進又は異動に関して直接の権限を持つ監督的地位にある労働者」とは、人事権をもつ上級管理職等のイメージです。

・「使用者の労働関係についての計画と方針とに関する機密の事項に接し、そのためにその職務上の義務と責任とが当該労働組合の組合員としての誠意と責任とに直接にてい触する監督的地位にある労働者」とは、人事・労務担当部課の係長クラス以上の者等のイメージです。なお、人事部門でなくても会社の人事政策に関する会議に参加したり、労働条件に関する方針について一定の責任を負っているような者も入ります。

・「その他使用者の利益を代表する者」とは、社長秘書等のイメージです。

　そして2号では、使用者の経理上の援助を受けると自主性に欠けることになるといっているのです。

—47—

この2つの書かれていることが意味するところは、労働組合は労働者を代表して、使用者と対等な立場で交渉する役割をもっている団体であるということです。俗ないい方をすれば、労働組合は使用者に対して弱みを握られていてはならないのです。ですから1号では労働組合の中に、使用者サイドに立つ人間が含まれていてはおかしいといっているのです。例えば、団体交渉で、本来は使用者側の交渉の任にあたるべき労働部長が労働組合員である場合を想定してみてください。こんな交渉はとても対等な交渉とはいえません。

＜2号部分＞

また、2号では使用者から援助（例えば、組合活動に必要な経費を使用者が支払う）などを受けていると組合が使用者に弱みを握られており対等な立場に立って意見を主張するのは難しいだろうということをいっているのです。

但し、後者の経理上の援助については、労働組合法も一定の例外を認めています。先ほどの2条の次の部分です。

「但し、労働者が労働時間中に時間又は賃金を失うことなく使用者と協議し、又は交渉することを使用者が許すことを妨げるものではなく、且つ、厚生資金又は経済上の不幸若しくは災厄を防止し、若しくは救済するための支出に実際に用いられる福利その他の基金に対する使用者の寄附及び最小限の広さの事務所の供与を除くものとする。」

先ほどもお話ししましたが、日本には企業別組合が多いのです。

そして、企業別組合の場合には、活動の範囲が企業内で行われること

が多いでしょうから使用者から色々な形での**便宜供与**を受ける場合が多いと思われます。

　ですからその場合でも、但し書き以下を限定的にこれ以上は認めない等と考えるのではなく、それが形式的にみれば経費援助に見えるような場合でも、但し書き以下に準じるようなものは、許されると考えるべきであると考えます。例をあげるならば、組合事務所の光熱費負担、組合休暇、就業時間中の組合活動の場合賃金を控除しないなどです。この辺なども、労使関係をどのように考えるかによって意見が分かれる場面です。

　なお、ここで便宜供与とは、組合に対して使用者が物や利益を提供したりして特別なはからいをすることをいいます。

　ここで、１つ問題となるのが「**管理職組合**」です。

　先ほどお話ししましたように、管理職を非組合員としている労働組合が多いことから、管理職の組合は認められないと考えている方も多いと思います。

　しかし、管理職とされている労働者も、「賃金、給料その他これに準ずる収入によって生活する者」ですから労働組合法３条の労働者には含まれます。従って、管理職のみをもって組織する団体も、少なくとも憲法28条の規定する団結権、団体交渉権、団体行動権は保障される労働組合となります。

　その一方で、労働組合法２条但し書き１号は、「使用者の利益代表者の参加する労働組合は、自主性を欠くとして労働組合法上の労働組合ではない」としています。管理職組合は、この点に抵触する可能性はある

わけです。

　この点、利益代表者の範囲は、限定的、抑制的にとらえるべきとされており、世の中で管理職と呼ばれている範囲より狭く、当該管理職の職務の実質を個別に具体的にみていく必要があります。会社で管理職として処遇していても、必ずしも利益代表者に該当するわけではないのです。

　ここで、1つ判例を紹介しておきます。

　この事件では、東京高裁は使用者側の控訴を棄却し（東京高判平12.2.29）、最高裁は上告を棄却しています（最決平13.6.14）。

●判例紹介●

セメダイン事件（東京地判平11.9.6）

（判決の要旨）

　利益代表者が当該交渉事項に関して使用者の機密事項を漏洩している場合など、労働組合に利益代表者が参加していることに起因して適正な団体交渉の遂行が期待しがたい特別の事情……の存在を具体的に明らかにしないまま団体交渉を拒否することは、正当な理由を欠くものといわざるを得ない。

(3)　組合民主主義の要件

　労働組合は、組合員全員が職制上の上下関係などにかかわらず誰でも平等な立場で参加することができる、いわば大衆的な組織です。組合幹

部の持ち物でもありませんし、官僚的な組織であってもなりません。そこで要請されるのが「組合民主主義」ということです。

　こうした考え方に基づいて労働組合の運営が民主的になされることを、労働組合法が要求しています。

　それを表すのが次の条文です。

労働組合法第５条（労働組合として設立されたものの取扱）
　　　　　　　　　　　：

2　労働組合の規約には、左の各号に掲げる規定を含まなければ……
　　　　　　　　　　　：

三　連合団体である労働組合以外の労働組合（以下「単位労働組合」という。）の組合員は、その労働組合のすべての問題に参与する権利及び均等の取扱を受ける権利を有すること。

四　何人も、いかなる場合においても、人種、宗教、性別、門地又は身分によって組合員たる資格を奪われないこと。

五　単位労働組合にあっては、その役員は、組合員の直接無記名投票により選挙されること、及び連合団体である労働組合又は全国的規模をもつ労働組合にあっては、その役員は、単位労働組合の組合員又はその組合員の直接無記名投票により選挙された代議員の直接無記名投票により選挙されること。

六　総会は、少なくとも毎年一回開催すること。

七　すべての財源及び使途、主要な寄附者の氏名並びに現在の経理状況を示す会計報告は、組合員によって委嘱された職業的に資格があ

る会計監査人による正確であることの証明書とともに、少なくとも毎年一回組合員に公表されること。

八　同盟罷業は、組合員又は組合員の直接無記名投票により選挙された代議員の直接無記名投票の過半数による決定を経なければ開始しないこと。

九　単位労働組合にあっては、その規約は、組合員の直接無記名投票による過半数の支持を得なければ改正しないこと、及び連合団体である労働組合又は全国的規模をもつ労働組合にあっては、その規約は単位労働組合の組合員又はその組合員の直接無記名投票により選挙された代議員の直接無記名投票による過半数の支持を得なければ改正しないこと。

　この条文の三以下、条文九までで、組合規約には７つの事項が含まれることが要求されますが、これらは労働組合の公正で民主的な運営を確保しようとする視点から設けられたものです。

　この長い条文を要約すると、次のようなことが書かれています。

　○原則全員参加の前提で、且つ組合員が全員平等な権利を有することを前提に、多数決原理に基づいて運営すること

　○性別や人種等で差別をしてはならないこと

　○役員の選出は無記名投票による公正な選挙により行うこと

　○組合の財政に関しては情報開示をすること

　組合民主主義が要求されるもう１つの視点は、次のようなことです。

労働組合は、後述するように誰でも、いつでも自由に設立できます。労働組合に関して、特別の手続を定める法律の規定はありません。そして、その団体の設立を強制されることもなく、組織をどのようにするか、またどのように団体運営するかも、規約に任されており法的規制が無く、原則的には組合の自治に任されている任意団体といえます。

　しかし、他方で後程詳しく説明するように、前述したテニスサークルや親睦会と違って、憲法、労働組合法等によって通常の任意団体には認められないような強力且つ特別な法的保護を受けていますし、他の団体には無い「特別な権限」も付与されています。

　ここでの「特別な権限」とは後で説明するような、刑事免責、民事免責、規範的効力をもつ労働協約の締結、不当労働行為の救済等です。この辺については、追々お話ししてまいります。

　その意味で、<u>純粋に私的な任意団体とは趣が異なるために、労働組合には内部運営の点で組合民主主義が要求される</u>のです。

　なお、労働組合法をみる限りにおいては、民主制については組合規約への記載という形式面しか要求されていません。しかしながら労働組合の趣旨からいって当然、また実質的にも、組合内部では平等と民主主義が確保されるべきと考えられています。

労務屋の横道 ⑦〜組合役員の人事・その1

　リーダーの人事という観点から、労働組合の役員の人事というものを他のそれとの比較で考えてみましょう。

　会社の管理職人事は主に、より上位者の人事評価によって決まります。時には、ごく少数、場合によっては1人の意思によって決定されます。それに比べると組合役員は、組合員の無記名投票による選挙で選出されます。では、同じ選挙で選出される国会等の議員さん等と比べるとどうでしょうか。

　地盤、看板、鞄を引き継ぐといった世襲制は原則としてありませんし、賄賂に見られる金権体質もありません。なぜなら、組合役員をやってもお金にはならないからです。当選したからといって、「先生、先生」といわれる立場にもありません。立候補動機は多くの場合仲間のため、ないし仲間に推されてといったところでしょう。

　組合員は日頃の仕事を通して、候補者の人格などをみて投票します。そして、その投票する者は候補者からみると日頃仕事をともにしている、同僚であり、後輩であり、先輩であるのです。

　このようにみてくると、組合の役員は、かなり確度の高い正当性をもった代表者といえるように思われます。

⑷　法的な観点からみた労働組合の分類

　「労働組合法上の労働組合」であると、どのような利点があるのかという視点でみていきましょう。まずは、労働組合法第5条等をみてください。

　この規定でいう第2条とは、前にお話しした労働組合の定義規定のことであり、その第2項とは、これも「組合民主主義の要件」の所でふれた労働組合の規約の記載事項のことです。

労働組合法第5条（労働組合として設立されたものの取扱）

　労働組合は、労働委員会に証拠を提出して第2条及び第2項の規定に適合することを立証しなければ、<u>この法律に規定する手続に参与する資格を有せず、且つ、この法律に規定する救済を与えられない。</u>

労働委員会規則第22条（資格の審査）

　労働組合が労組法第2条及び第5条第2項の規定に適合するかどうかの審査（以下「資格審査」という。）は、次の各号に規定する場合に行う。

1　労働組合が労組法に定める手続に参与し、又は救済を求めようとする場合

2　労働組合が法人登記のための資格証明書の交付を求めようとする場合

3　労働組合が労働者を代表する地方調整委員の候補者を推薦するための資格証明書の交付を求めようとする場合

4　総会において特に必要があると認める場合

即ち、労働組合法の規定する労働組合の定義にある各種の要件を充足していて、労働組合の規約に法定の必要事項が記載されていなければ、労働委員会による労働組合の**資格審査**を通らないのです。

くり返しますが、わが国では、労働組合は自由に設立することができます。したがって、労働組合を設立するについてどこの許可も認可も必要ありませんし、どこへも届け出る必要すらありません。ただし、労働組合が法人になるための登記など、労働組合法の定める手続きに参加したり、不当労働行為等の救済を受けるためには、一定の資格要件を備えていることを証明しなければならないのです。この資格の有無を審査することを労働組合の資格審査といいます。

なお、個人としての労働者が不当労働行為の救済申し立てを行う場合にはこの資格審査は不要です。

この労働委員会による資格審査を通った労働組合を「法適合組合」といいます。ここで「法」とは労働組合法のことをいいます。

つまり法適合組合にしか「この法律に規定する手続に参与する資格を有せず、且つ、この法律に規定する救済を与えられない。」のです。

この後段の「救済」とは後に詳しく説明する**不当労働行為の救済**のことであり、労働組合にとっては重要な項目です。不当労働行為とは、使用者が行う労働者の団結権を侵害する行為であり、労働組合法において禁止されているものです。いずれにしても重要項目なので別の章だてで詳しく説明します。

また、前段の「この法律に規定する手続に参与」とは次のようなもの等をいいます。

> **労働組合法第11条**（法人である労働組合）
>
> 　この法律の規定に適合する旨の労働委員会の証明を受けた労働組合は、その<u>主たる事務所の所在地において登記することによって法人</u>となる。

　法人登記をしない労働組合は、「権利能力なき社団」として扱われます。権利能力なき社団とは、社団としての実質を備えていながら法令上の要件を満たさないために法人としての登記ができないか、これを行っていないために法人格を有しない社団のことをいいます。

> **労働組合法第19条の12**（都道府県労働委員会）
>
> 　　　　　　　　　　　　　　　　⋮
>
> 3　……労働者委員は<u>労働組合の推薦</u>に基づいて……都道府県知事が
> 　任命する。

　なお、中央労働委員会に関しても、ほぼ同様の規定があります。

　ここで、ちょっと注意すべき点があります。仮に労働委員会の資格審査を通らず、法適合組合ではありませんよとされた団体は、労働組合として存在できないのでしょうか、機能できないのでしょうか。

　そんなことはありません。そのような団体でも、前にお話ししましたような労働組合法上の各種の特別な保護を受けられないというだけです。憲法28条の規定する労働者の団体としては法的保護を受けられると解されています。

　例えば、「労働者が主体となって……労働条件の維持改善その他経済

—57—

的地位の向上を図ることを主たる目的として組織する団体」ではあるが、利益代表者が参加していたり、使用者から経費的援助を受けている団体のことです。

このような団体は法適合組合ではありませんが、いわゆる「憲法組合」といい、憲法上の権利である団体交渉権（そこからくる労働協約締結権）、団体行動権は認められると考えられているのです。

その他にも労働組合ではありませんが、「争議団」と呼ばれるものもあります。

これは、労使間の紛争の解決等を目的として、一時的に結成された労働者の団体をいいます。団体としての継続性がないため労働組合とはいえません。しかしながら憲法28条の規定する団結権に基づくものであることから、団体交渉権、団体行動権の保障は受けられると解されています。

４．その他の登場人物

以上の他、労働組合法の登場人物としては、**労働委員会**というものがありますが、話の展開の関係で、後述する不当労働行為の箇所で紹介したいと思います。

労務屋の横道 ⑧〜経営における健全野党

世の中の"社長さん"と呼ばれる方々にお聞きします。

－皆さんは、時には耳障りな苦言を呈してくれる部下をお持ちですか？

－職場の末端の声があなたに届く環境にありますか？

－「ご指摘ごもっとも」という反応が当たり前になってはいませんか？

もしそうであれば、あなたは「裸の王様」ということになってしまいます。「権力は必ず腐敗する」というのは、経営にもあてはまる原則だと思われます。

その権力をチェックするのが、野党の存在です。外部からの批判を受ける前に、内部から健全な批判や意見が出る体制が、経営の健全な運営に役に立ちます。気骨のある労働組合は、その一翼を担う存在たり得るものと思われます。

トップが聴く耳さえ持てば、労使協議会のような公式の場や非公式な日々の意見交換のなかで、経営にとって貴重な意見も聴くことができるのではないでしょうか。

日本の企業別組合の多くは、企業内の健全野党と呼べる可能性に満ちた存在なのです。

第2章　団結権

1．団結権とは
2．労働組合への加入・脱退
3．組合費
4．便宜供与
5．労働組合の統制

1. 団結権とは

団結権とは、端的にいえば労働者が労働組合を作る権利のことです。

団結というのは、人が集まるということですからもともと自由であると思う方も多いと思われます。しかし、歴史をみる限りそうではないのです。日本の歴史においても、明治時代に制定された治安警察法という法律は、実際は団結を禁止する結果をもたらしましたし、その後も行政執行法や警察犯処罰令などにより労働運動は抑圧されたのだということは、序章でもお話ししました。

そうした歴史的経過を経て、団結権が憲法上保障されたのです。

憲法第28条（勤労者の団結権・団体交渉権その他団体行動権）

勤労者の団結する権利及び団体交渉その他の団体行動をする権利は、これを保障する。

これによって労働者は、原則、誰でもいつでも自由に労働組合を作ることができるようになったのです。これを自由設立主義といいます。労働組合を作る場合、お役所（例えば厚生労働省や労働基準監督署等）の許可や認可等は必要ありません。

但し、労働組合法には次のような規定があります。

労働組合法第5条（労働組合として設立されたものの取扱）

労働組合は、労働委員会に証拠を提出して第2条及び第2項の規定に適合することを立証しなければ、この法律に規定する手続に参与する資格を有せず、且つ、この法律に規定する救済を与えられない。

これは、後述する労働組合法が定める不当労働行為の救済の申し立て

をする場合等には、**資格審査**といって労働委員会での手続きが必要であるといっているのです。しかしこの審査を受けていなくとも、国の最高法規である憲法上はれっきとした労働組合なのです。即ち、憲法28条で保障された労働三権（団結権、団体交渉権、団体行動権）を持つ労働組合なのです。

２．労働組合への加入・脱退

(1) 加入・脱退の自由～原則

労働組合は、労働者がいわば自発的に作る任意の団体ですから、後で説明するユニオン・ショップ制等が及ぶ場合を除き、そこに加入することも、一旦加入した労働組合から脱退することも、基本的には個々の労働者の自由であるというのが原則です。

しかし、加入に関しては、組合自治という点から組合規約で一定の制約を設けることは可能です。例えば、正社員だけの組合を作り、契約社員やパートタイマー労働者の加入を認めないことも事の是非は別にして可能です。

日本に正社員だけの組合が多かったのはなぜでしょうか。それは日本では企業別組合が多いため、終身雇用制や年功序列型賃金といった正社員の日本型雇用システムを大切にしてきたことと関係がある、といわれています。

その会社で「管理職」と呼ばれている者の加入を認めないことも可能です。そうした対応をとっている組合は実は多いのです。これは利益代表者が加入している団体は労働組合法上の労働組合と認められないこと

と関連しています。管理職と呼ばれる人のなかには、この利益代表者といわれる者が含まれている可能性があるからです。

しかしながら、誤解されやすいのですが、管理職＝利益代表者ということではありません。多くの場合、管理職≧利益代表者なのです。この辺を誤解されている方も多いようです。管理職の範囲というのは各企業が独自に定めるものですが、利益代表者の範囲は法律（労働組合法）が定めるものなのです。

これに関しては地裁判決ですが、次のような判例があります。

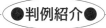

全ダイエー労組事件（横浜地判平1.9.26）
（判決の要旨）
　労働組合は労働者が自己の利益を擁護するため自主的に結成する任意団体であるから、組合員資格をどのように定めるかについては、労働組合法上労働組合に与えられている特別の機能、すなわち、団体交渉によって組合員をはじめとする労働者の労働条件を規定する権能とこれを法的に強化するための諸々の保護との関係で一定の制約を受けるほか、原則として組合の自治に委ねられると解するのが相当である。

　しかし、労働組合は団結権の担い手として労働組合法上特別の保護などを受けており、又組合民主主義の要請からも労働者の人種、宗教、性別、門地、信条等によって加入を認めないことは不合理、不公正な差別

的取扱いであることから認められないと考えるべきと思われます。ここ
で、門地とは俗にいう「家柄」等のことをいうのだと理解していただけ
ればと思います

　他方、一旦加入した労働組合から脱退するのは、組合加入は一般に期
間の定めの無い契約ですから、労働者がその契約を解約する即ち脱退す
ることは全くの自由です。

　次の判例を見てください。

●判例紹介●

東芝労働組合小向支部・東芝事件（最判平19．2．2）
（判決の要旨）
　……労働組合は、組合員に対する統制権の保持を法律上認められ、
組合員はこれに服し、……などの義務を免れない立場に置かれるもの
であるが、それは、組合からの脱退の自由を前提として初めて容認さ
れることである。
　そうすると、本件付随合意のうち、……労働組合から脱退する権利
をおよそ行使しないことを……労働者に義務付けて、脱退の効力その
ものを生じさせないとする部分は、脱退の自由という重要な権利を奪
い、組合の統制への永続的な服従を強いるものであるから、公序良俗
に反し、無効であるというべきである……

　例えば、規約に組合を脱退するには組合大会や執行委員会の承諾を要
するといった制約を課するものは、脱退の自由を不当に制限するものと

—65—

して無効と解されています。

但し、脱退の届出に書面を要求したり、何日かの予告期間を設けること等は、脱退の自由を侵害するほどのものではないと考えられます。しかしながら、異様に長い予告期間を設けるなどの場合は、その規定の効力は否定されます。

(2) ユニオン・ショップ協定〜例外
①ショップ制

ユニオン・ショップ協定の説明に入る前に、いわゆるショップ制と呼ばれるものの種類についてお話ししておきます。

ショップ制とは、組合員資格と従業員資格の関係についての協定のことで、通常、労働協約の中に規定されています。

主なものとして、ユニオン・ショップ、クローズド・ショップ、オープン・ショップがあります。

・ユニオン・ショップは、主に日本の民間の企業で採用されていますし、重要な論点でもありますので、この後詳しく説明します。

・クローズド・ショップは、主にアメリカで採用されているもので、使用者は協定を結んでいる組合の組合員だけを雇用し、また組合を脱退したり除名されたりした者は解雇しなければならない制度です。日本では、企業内組合が多く、採用後に従業員から組合員となるためクローズド・ショップ制は、あまりみられません。

・最後のオープン・ショップは、主に日本の公共部門で採用されているもので、労働者の雇用について何の規制もなく、したがって組合

員であるか否かは、雇用の継続に何の影響も与えない制度のことです。使用者は、前にお話ししたクローズド・ショップや、後に説明するユニオン・ショップに見られるような拘束を受けない制度です。

②ユニオン・ショップ協定

　日本の労働組合の、加入・脱退の自由の最も重要な例外が、ここで説明するユニオン・ショップ協定です。日本では、多くの労働組合が組合員の確保のために長い間採用してきた制度です。

　労働組合の力を強くして、使用者との団体交渉で有利な立場に立つには、組合組織の拡大、即ち組合員の数を増やすことが不可欠です。できるだけ多くの労働者に労働組合に入ってもらわなければなりません。又、加入したからには簡単に脱退してもらっても困るのです。組織力も弱まりますし、組合費も入ってこなくなり組合財政的にも困るからです。

　そのために、労働組合が組織拡大のため展開する施策の中で一番強力なのが、ここでいうユニオン・ショップ協定を使用者との間で締結することであると思われます。実は日本の労働組合加入者に、「なぜ、あなたは労働組合にはいったのですか？」と聞くと、「ユニオン・ショップ協定があったから」という答えが圧倒的に多いのです。

　ユニオン・ショップ協定とは、使用者と職場の過半数を代表する労働組合間の労働協約で、当該労働組合に加入しない労働者、及び当該労働組合の組合員でなくなった労働者、例えば組合を除名された者は、使用者が解雇しなければならないとの協定のことです。

労働者は組合を脱退したら会社を解雇にされるわけですから、明日からの生活がかかっているということで、組合にとどめ置く効果があるということです。また新入社員は、入社と同時に自動的に組合員になってくれますし、組合からの脱退者も出ませんから組織の安定と強化が図られるのです。

　これによって、労働組合はある意味で、一生懸命勧誘活動をしなくとも組合員を確保できます。実は使用者にとっても、労働組合が労働者を１つにまとめてくれた方が、労働条件の統一化が図れるとの視点からは望ましいともいえそうです。

　なお、「尻抜けユニオン」といって、「原則として」とか「会社がとくに必要と認めた場合は例外とする」といった内容も多いのですが、その場合でも原則が及ぼす心理的効果（「組合は脱退できない」）は認められるのです。

③ユニオン・ショップの有効性

　かつては、そもそもユニオン・ショップ制を定めた労働協約は有効かということが大きな議論となりました。確かに、ユニオン・ショップ協定は、労働組合の団結権の強化、換言すれば労働組合組織の拡大、強化の点からは労働組合サイドからみれば歓迎すべき重宝な仕組みではあります。

　それでは、その適用を受けて、本人の意思とはほぼ無関係に組合員となる個々の労働者から見た場合はどうでしょうか。

　難しい言葉ですが、団結権には、「積極的団結権」の他に「消極的団

結権」、即ち労働組合に入らない自由、団結をしない自由というものがあるといわれます。ところがユニオン・ショップはその消極的団結権を侵すことにはならないのでしょうか。

また、「組合選択の自由」、即ち協定を締結している組合ではなく、自己の選択する別の組合に入りたいという自由を制約することにはならないのでしょうか。

この点に関しては判例を紹介しておきましょう。

●判例紹介●

三井倉庫港運事件（最判平1.12.14）
（判決の要旨）
　ユニオン・ショップ協定のうち、締結組合以外の他の労働組合に加入している者及び締結組合から脱退しまたは除名されたが、他の労働組合に加入しまたは新たな労働組合を結成した者について使用者の解雇義務を定める部分は、（労働者の組合選択の自由、及び他の労働組合の団結権を侵害するから）民法90条（公序良俗に反する）の規定によりこれを無効と解すべきである……

判例は、ユニオン・ショップ協定は、全面的に無効であるとはいっておりません。ただし次の2つの場合に使用者の解雇義務を定める部分は公序良俗に反し無効であるといっているのです。

1）ユニオン・ショップ協定締結組合以外の他の労働組合に加入している者

2）ユニオン・ショップ協定締結組合から脱退しまたは除名されたが、他の労働組合に加入しまたは新たな労働組合を結成した者

　これを、裏から読むと、次の２つの場合に使用者の解雇義務を定める部分は有効だということになります。

1）ユニオン・ショップ協定締結組合にも、それ以外の労働組合にも加入していない者

2）ユニオン・ショップ協定締結組合から脱退したり、除名されたがその後も他の労働組合に加入せず、または、新たに労働組合を結成しない者

　結論的にいうと、判例は先ほどお話しした２つの自由のうち、労働者の団結権は団結を助長し強化する積極的団結権であり、団結しない権利（消極的団結権）に比して優先されるが、組合選択の自由は積極的団結権の一内容として保障されるべきであるとの考え方のようです。

　判例でも、条件付きでユニオン・ショップは有効であるとするのが多くの考え方のようです。しかしながら消極的団結権を侵すとか、労働組合の自立性を害する等の観点から、特に若い学者の方からユニオン・ショップ無効論も根強いものがあるようです。

　なお、有効なユニオン・ショップ協定は、当該事業場の同種の労働者の過半数を組織している労働組合でなければならないと考えます。労働組合法の次の条文のただし書き以下も参照してください。

労働組合法第7条（不当労働行為）

　使用者は、次の各号に掲げる行為をしてはならない。

1　労働者が労働組合の組合員であること、労働組合に加入し、若しくはこれを結成しようとしたこと若しくは労働組合の正当な行為をしたことの故をもつて、その労働者を解雇し、その他これに対して不利益な取扱いをすること又は労働者が労働組合に加入せず、若しくは労働組合から脱退することを雇用条件とすること。ただし、労働組合が特定の工場事業場に雇用される労働者の過半数を代表する場合において、その労働者がその労働組合の組合員であることを雇用条件とする労働協約を締結することを妨げるものではない。

④ユニオン・ショップ協定による解雇

　ユニオン・ショップ協定の効力が及ばないときに、使用者が労働者を解雇したときはその解雇は理由を欠くものとなり無効となります。これに対して、ユニオン・ショップ協定の及ぶ範囲での解雇は有効となります。

　問題となるのは、ユニオン・ショップ協定を締結している場合で、労働組合が一旦下した除名処分が合理的理由を欠いた等の理由で無効となった場合、使用者がその除名処分に基づいてなした解雇の効力がどうなるかです。

　この点については争いがありましたが、最高裁は次のように判断しました。

●判例紹介●

日本食塩製造事件（最判昭50．4．25）

（事案の概要）

　会社から、労働組合から離籍（除名）処分を受けたことによりユニオン・ショップ協定に基づいて解雇された従業員が、当該除名処分が無効であるなどとして雇用関係の存在確認等を請求した事案。

（判決の要旨）

　労働組合から除名された従業員に対しユニオン・ショップ協定に基づく労働組合に対する義務の履行として会社が行う解雇は、ユニオン・ショップ協定によって会社に解雇義務が発生している場合にかぎり、客観的に合理的な理由があり社会通念上相当なものとして是認することができるのであり、……除名が無効な場合には、……使用者に解雇義務が生じないから、かかる場合には、客観的に合理的な理由を欠き社会的に相当なものとして是認することはできず、他に解雇の合理性を裏づける特段の事由がないかぎり、解雇権の濫用として無効であるといわなければならない。

　余談ですが、実はこの最高裁判決はいわゆる「解雇権濫用法理」といって労働法（個別的労使関係法）の世界では有名な法理を確立したものなのです。この法理は、現在では労働契約法で次のように成文化されています。

—72—

> 労働契約法第16条（解雇）
>
> 　解雇は、客観的に合理的な理由を欠き、社会通念上相当であると認められない場合は、その権利を濫用したものとして、無効とする。

　話が少し横道にそれましたから本題に戻しますと、使用者としては自分が決定に関与していない労働組合の除名処分が無効だからといって、解雇も無効だというのは、使用者にとってちょっと酷な気がしないでもない判決です。このことに関連して除名処分が無効のため、解雇が無効とされた場合の、解雇された労働者の賃金についてはどうなるかについては次の判例があります。

●判例紹介●

清心会山本病院事件（最判昭59．3．29）

（判決の要旨）

　本件ユニオン・ショップ協定に基づいて（使用者）がした（労働者）らに対する解雇が権利の濫用として無効であることは当裁判所の判例とするところであり、……労務提供の受領拒否による（労働者）らの労務提供の履行不能は債権者である（使用者）の責めに帰すべき事由に基づくものであって、（労働者）らは反対給付としての賃金請求権を失わないものというべきであり……

　先ほどの結論と合わせると、使用者にとっては踏んだり蹴ったりの感があるような結論になっているようにも思われます。

労務屋の横道 ⑨〜ユニオン・ショップ協定

　ユニオン・ショップ協定については、消極的団結権（組合に加入しない自由）の侵害と、組合選択の自由が問題とされています。後者については、本文でも解説したように、最高裁判所の判決によって一応の解決をみています。

　前者については、労使で協議して決めたものですから、他の労働条件同様に、募集要項にユニオン・ショップ制をとっていること、ユニオン・ショップ制の意義、組合費のおおよその額等を、会社への採用応募者に通知するのも一案ではないでしょうか。誰にでも、憲法が保障する「職業選択の自由」があるのですから、労働組合へ加入したくないような人にとっては、就職先選択の目安になると思われます。

　少なくとも、「知らないうちに組合に加入させられ、組合費を支払わされている」といったような入社時の苦情の類については、少しは解消されるのではないでしょうか。

　余談ですが、ベースアップがほとんど無いような時代に、月何千円もする組合費は高過ぎはしないか等々の陰口をきかされることもあります。

3．組合費

(1) 組合費

　労働組合が労働条件の維持・改善（例：給与、労働時間、休日、休暇、福利厚生等）を求め、諸々の活動を行う際に使われる費用の財源となるのが組合費です。組合活動を行うのにもお金が必要なのです。でも前にもお話ししましたが、「団体の運営のための経費の支出につき使用者の経理上の援助を受ける団体」は、労働組合法上の労働組合とはいえません。

　そのため労働組合は、規約により組合費を定めて所属の組合員から徴収します。労働者は労働組合へ加入することに伴って、労働組合に対して組合費を納入する義務を負うことになります。この義務は労働組合が、その組織を運営していくための財政的な基盤を確保するための組合員の基本的な義務といえるでしょう。そのことから、組合費の不払いは通常は労働組合からの除名処分になると考えられます。

　その徴収した組合費を、どのように使うかは原則的には組合の自由です。但し、何に使っても自由かというと、そうではありません。それは組合の目的の範囲内ということになります。又、当然のこととして適正な会計処理が必要なことはいうまでもありません。

　前にお話ししたように、労働組合は、付随的であれば政治運動や社会運動もまたその目的として活動できるわけです。ですから、それらの活動に要するとして組合費を使用することも、基本的にはできると考えられます。

但し、次の判例には要注意と思われます。

●判例紹介●

国労広島地本事件（最判昭50. 11. 28）

（判決の要旨）

　……思うに、労働組合の組合員は、組合の構成員として留まる限り、組合が正規の手続に従って決定した行動に参加し、また、組合の活動を妨害するような行為を避止する義務を負うとともに、右活動の経済的基礎をなす組合費を納付する義務を負うものであるが……

　……労働組合は、労働者の労働条件の維持改善その他経済的地位の向上を図ることを主たる目的とする団体であって、組合員はかかる目的のための活動に参加する者としてこれに加入するものであるから、その協力義務も当然に右目的達成のために必要な団体活動の範囲に限られる……

　……問題とされている具体的な組合活動の内容・性質、これについて組合員に求められる協力の内容・程度・態様等を比較考量し、多数決原理に基づく組合活動の実効性と組合員個人の基本的利益の調和という観点から、組合の統制力とその反面としての組合員の協力義務の範囲に合理的な限定を加えることが必要である……

　政治活動でみるならば、組織活動として労働組合が、特定の政党を支持したり、組合としての統一候補の選挙運動を推進することまでは構いませんが、個々の組合員に協力を強制したり、強制的に費用を徴収した

りすることまではできないと判例はいっているのです。

(2) チェック・オフ

チェック・オフとは、要は使用者が組合費を所得税等と同じように給与から天引きして組合にわたす制度のことです。

労働組合にとっては非常に便利な制度です。組合費の徴収がより確実になるからです。組合が組合費をいちいち徴収しなくても使用者が集めて組合にわたしてくれるからです。

チェック・オフに関しては労働基準法の次の条文に注意しなければなりません。

労働基準法第24条（賃金の支払）

賃金は、通貨で、直接労働者に、その全額を支払わなければならない。ただし、……また、法令に別段の定めがある場合又は当該事業場の労働者の過半数で組織する労働組合があるときはその労働組合、労働者の過半数で組織する労働組合がないときは労働者の過半数を代表する者との書面による協定がある場合においては、賃金の一部を控除して支払うことができる。

チェック・オフをするためには労使協定の締結が前提となるのです。

この点については、次の判例があります。

●判例紹介●

済生会中央病院事件（最判平 1 . 12. 11）

（判決の要旨）

……いわゆるチェック・オフは、労働基準法24条 1 項但書の条件を具備しない限り、これをすることはできないことは当然である。……組合が……病院の従業員の過半数で組織されていたといえるかどうかは疑わしく、書面による協定もなかったことからすると、本件チェック・オフの中止が労基法24条 1 項違反を解消するものであることはあきらかである。

これに加えて、……病院がチェック・オフをすべき組合員を特定することが困難であるとしてチェック・オフを中止したこと、および……病院がチェック・オフ協定案を提示したことなどを併せ考えると、本件チェック・オフの中止は、……病院の不当労働行為意思に基づくものともいえず、結局、不当労働行為に該当しないというべきである……

この判決の要旨の後段は、「チェック・オフの打ち切りと不当労働行為」というテーマにも関連します。

チェック・オフも、使用者に当然にはそれをする義務はありません。しかしながらいったん労働協約の締結をしたり、労使の慣行になっていたりすると、反組合的な意図でそれを打ち切ったとすると支配介入の不当労働行為とされる可能性があります。

—78—

ここで、支配介入とは、労働組合の団結力を弱めるため、労働組合の結成や運営に対して使用者がさまざまな干渉を行うことをいいます。後程、不当労働行為の章で詳しく解説します。

　しかしながら、判旨のような状況では不当労働行為には該当しないとしたのです。

　話が少し横道にそれましたが、本題にもどしましょう。

　日本では、多くの労働組合が使用者とチェック・オフ協定を結んでいるようです。しかしながらユニオン・ショップ協定同様、労働組合の自立を妨げているとの視点から疑問であるとする見解も少なくないことを付け加えておきます。

　なお私は、あくまで労使の自治の問題であると考えています。労使の自治は極力尊重されるべきです。

　次に留意すべきは、労使協定には原則免罰的効果しかないことです。ここで「免罰的効果」とは、労働基準法（ここでは24条の賃金の全額払い）に違反する行為は、原則刑罰を科されるが、民主的な手続きとしての労使協定を締結すれば、刑罰を免れるという効果のことです。つまり労使協定を締結しても刑事責任を免除されるだけなのです。

　免罰的効果「しか」ないのですから、この協定だけを根拠に使用者は、組合費の天引きすることはできないのです。

　ですから、チェック・オフを有効に行うためには、協定締結の他に、組合費の控除と組合に対する支払いの双方に関しての委任契約の存在が

必要となります。その法律構成はどうかというと、労働組合と使用者との間には取立委任の契約がなされ、組合員と使用者との間には支払委任の契約が存在することが前提となります。

この件に関しては、次の判例があります。

●判例紹介●

エッソ石油事件（最判平5．3．25）

（判決の要旨）

　……使用者と労働組合との間に右協定（労働協約）が締結されている場合であっても、使用者が有効なチェック・オフを行うためには、右協定の外に、使用者が個々の組合員から、賃金から控除した組合費相当分を労働組合に支払うことにつき委任を受けることが必要であって、右委任が存しないときには、使用者は当該組合員の賃金からチェック・オフをすることはできないものと解するのが相当である。

　……チェック・オフ開始後においても、組合員は使用者に対し、いつでもチェック・オフの中止を申し入れることができ、右中止の申入れがされたときには、使用者は当該組合員に対するチェック・オフを中止すべきものである……

　つまり判例は、労使協定では当然のこととして、労働協約の規範的効力でも個々の組合員の委任契約の根拠にはならない、といっているのです。

—80—

このことを知らない労使は結構多いような気がします。そもそも、労使協定には原則、免罰的効果しかないということも知らないで、労使関係に携わっている方も多いような気がします。もし間違っていたらごめんなさい。

労務屋の横道 ⑩〜労働組合の３種の神器

　終身雇用制、年功序列賃金、企業別組合が、日本的経営の３種の神器といわれてきました。

　そこで私は、「日本の企業別組合の３種の神器は、『企業別組合、ユニオン・ショップ制、チェック・オフ協定』じゃないか」と労働組合役員の方に冗談をいったことがあります。

　企業別組合のことは別にして、ユニオン・ショップ制によって組合は労せず組合員を確保できるし、チェック・オフによって、組合費を集める度に「組合費は高い」とか「組合費に見合った成果があがっているのか」等といわれずに済むからです。逆に、この仕組みが無ければ、組合加入説得の際、あるいは組合費を徴収する際に、熱く労働運動を語る機会ができるのではないかということもあります。

　しかし、現在の企業別組合の多くは、使用者を敵とみなして戦うといった劇場型労働運動は行っていないでしょう。現実は、もっと地道で地味な活動だと思われます。労使が真摯に話し合って妥協点を見出すといったことが、労働組合の活動家の日常であると思われます。勝ち負けがはっきりしない結果が多い状態ではな

いでしょうか。

　そのため多くの組合員から見ると、「自分たちが選挙で選んだ役員が、使用者と協議をして出した結論だから大筋間違ってはいないだろう」といった、ある意味空気のような存在が労働組合であったり、労使関係なのではないでしょうか。そうであれば、先ほどの劇場型理想論を組合に求めるのは酷であろうというのが私の本音です。

　また、両制度とも労使の話し合いの結果であり、労使の自治の問題であろうと思われます。その点からすると、最近の若い学者の方に、消極的団結権を侵害する等という理由から、ユニオン・ショップ制の無効論の提唱、組合の自立性からチェック・オフに懐疑的な主張などが見受けられるのは気になるところです。

４．便宜供与

　便宜供与とは、使用者が労働組合のために物や利益を提供したりして特別なはからいをすることをいいます。

　前にお話ししたように、わが国の多くの労働組合は、企業別組合です。したがって日常の組合活動の多くは、組合員の集まる職場や事業所、あるいは会社単位で行われるのが一般によく見られる光景です。

　でも当然ながら、会社の施設の所有権ないし賃借り権といった法的な権利は会社にあります。企業内の労働組合といえども、企業施設を当然に使用する法的な権利があるわけではないのです。

　そうはいいながら日本の企業では、会社を家とたとえられるぐらいで

すから、組合活動なども我が家で行う感覚が育ちやすいのです。ですから実態からみると、多くの組合活動の場面で企業施設を利用したり、使用者にその便宜供与を求める場面も多く、使用者の方もある程度までは、それを認める場合が多いのです。

　こうした背景をもとに、様々な便宜供与が、労使協議の歴史の中で形成されてきているといえます。

　なお、ここで労働組合法の条文を再度確認しておきましょう。

労働組合法第2条（労働組合）

　　　　　　　　　　　　⋮

2　団体の運営のための経費の支出につき使用者の経理上の援助を受けるもの。但し、労働者が労働時間中に時間又は賃金を失うことなく使用者と協議し、又は交渉することを使用者が許すことを妨げるものではなく、且つ、厚生資金又は経済上の不幸若しくは災厄を防止し、若しくは救済するための支出に実際に用いられる福利その他の基金に対する使用者の寄附及び最小限の広さの事務所の供与を除くものとする。

　労働組合法上は、この但し書き以下の限度で便宜供与を許容しているにすぎなく、労働組合がそれ以上の便宜供与を当然に請求することができることを認めているわけではありません。従って、労働組合が便宜供与を請求できるためには、労使の合意に基づく労働協約の定めなどが必要ということになります。

—83—

ちなみに、前述したチェック・オフも便宜供与の一種と考えられます。その他いくつか例をあげておきましょう。

(1) 在籍専従役員

在籍専従役員とは、労働組合の役員が従業員としての身分を保ったままで組合業務に専念することをいいます。組合の規模が大きくなると、組合役員の仕事量も多くなり時間外だけでは対処することができなくなるため必要となった仕組みです。

在籍専従役員中は、会社の方は休職として取り扱う例が多いようです。また、在籍専従役員の賃金は組合費で賄われるのですから、それなりの規模の組合でないと現実には、財政上の理由から在籍専従役員の体制をとれないと考えられます。

ところで、組合の役員が企業と雇用関係が無い状態で、例えば企業を退職して組合業務に専念するならば、法的には何も問題はありません。ところが在籍専従役員となる場合、企業との雇用契約は継続した状態、つまり「従業員としての地位を保持したまま」というところが、便宜供与といわれる理由です。

多くの企業別組合で実施されている仕組みではありますが、くどいようですが他の便宜供与同様、使用者に在籍専従役員の仕組みを当然認めなくてはならない義務があるわけではありません。あくまでも個々の労使の協議次第であるとされています。

判例も、次のように述べています。

●判例紹介●

三菱重工業長崎造船所事件（最判昭48. 11. 8）

（判決の要旨）

　在籍専従をなしうることが、憲法28条の保障する勤労者の団結権等に内在しあるいはそれから当然に派生する固有の権利であるとすることができないことは、……明らかであり、使用者が従業員の在籍専従を認めるか否かは、その自由に委ねられているものと解するのが相当である……

　在籍専従役員の給与を使用者が負担することは、形式的には経費援助に該当するが、実質的に労働組合の自主性を失わせるおそれが無い場合は、不当労働行為にはならないという考え方もあるようです。しかし多くは、労働組合法第7条に定められた「労働組合の運営のための経費の支払につき経理上の援助を与えること」に該当し、組合運営への支配介入に繋がるものとして不当労働行為に該当するとの考えのようです。

　ちなみに行政は、「在籍専従者は労務提供を免除されるので、使用者に対する賃金請求権を有しないことになる」としており、労働協約で双方納得の上で賃金を支給した場合でも、不当労働行為に当たるという見解です。（S24. 6. 9　労働省発労第33号）。

労務屋の横道 ⑪〜在籍専従役員の賃金

　在籍専従役員の賃金を使用者が負担することは、本文で述べたように経費援助に該当し、不当労働行為にあたると私も思います。

　本音をいえば、これも労使の自治の問題でよいのではないかという気もしますが、法解釈として、労働組合の労務費とでもいうべき在籍専従役員の賃金を、労働組合の主要な「経費」ではないとすることには少し無理があると思うからです。

　以下は、あくまで私の感覚論ということをお断りして述べたいと思います。

　現状ないしこれからの企業経営を考えるとき、変化は激しく労使関係も複雑な課題の解決を迫られる時代になっていくことが想定されます。それらの課題に的確にかつ迅速に対処していくためには、組合役員にもより優秀な人材が必要となります。

　優秀な人材の確保のためには、それに見合った報酬を支払う必要が出てくるでしょう。

　かといって、組合の在籍専従役員に自分たちより高額な賃金が支払われて、それを自分たちの負担する組合費で賄われることは、一般の組合員感情からみて、納得がいかないという事態も生じることも容易に想像できます。

　他方、困難な課題に的確に迅速に対応する労使関係を構築していくことは、使用者にとっても重要な課題であり大きな視点にたてば経営を利することにもなります。

その観点を加味すれば、個別労使が話し合っての自治の問題と
してですが、組合員の最高額相当を超える部分程度は、在籍専従
役員の賃金を使用者が負担しても実質的には不当労働行為には該
当しないような気がします。くどいようですが、これはあくまで
私の感覚論です。

⑵　組合休暇

組合休暇というのは、就業時間中に組合の業務に従事するために、従
業員である組合員が休暇をとることができるとすることを労使間の労働
協約等で取り決めることです。

組合休暇を無休で扱う分には、問題はありません。しかし有給で与え
ることについてはどうでしょうか。この点経費援助に該当しそうです
が、次の労働組合法2条2号ただし書きの規定等に準じて、経費援助の
例外と解する考え方もあります。

> 労働組合法第2条（労働組合）
>
> 　この法律で「労働組合」とは、……
>
> 2　団体の運営のための経費の支出につき使用者の経理上の援助を受
> けるもの。但し、労働者が労働時間中に時間又は賃金を失うことな
> く使用者と協議し、又は交渉することを使用者が許すことを妨げる
> ものではなく、……

(3) 組合事務所の貸与

　財政的に豊かで立派な事務所を自前で所有している労働組合もあるに
はありますが、多くの組合は財政基盤が弱く、企業別組合であることな
どもあいまって、企業内で使用者から組合事務所の貸与を受けているの
が実態です。そして、その家賃も低く抑えられていたり、結構な割合で
無料という場合もあるようです。

　これについては、労働組合法も、このような現実を考慮して「最小限
の広さの事務所の供与」は、労働組合の欠格事由である経理上の援助に
は当たらないし（労働組合法2条2号ただし書き）、かつ不当労働行為
にも当たらない（同法7条3号ただし書き）としています。

　労働組合法も、企業別組合の実態を考慮したものと考えられます。
　しかし、労働組合法に規定があるからといって組合事務所の供与を受
けることが労働組合の当然の権利として認められているわけではありま
せん。あくまで他の便宜供与と同様に、使用者との団体交渉等による合
意に基づいて行われるものであり、使用者は労働組合に対して、当然に企
業施設の一部を組合事務所等として貸与する義務を負うものではありま
せん。貸与するか否かは原則として使用者の自由であると解されます。

　なお、使用者が組合に組合事務所を無償貸与する場合の契約の法的性
質については、多くの裁判例では民法上の使用貸借と解しています。こ
こで使用貸借とは、当事者の一方（借主）が無償で使用及び収益をした
後に返還をすることを約して相手方（貸主）からある物を受け取ること
を内容とする契約です。

5．労働組合の統制

(1) 統制権の根拠

労働組合は、団結力を高め、団体としての目的達成のための交渉力の確保のためにも秩序が必要であり、そのために団体を構成する組合員に対して統制権があると解されます。ここで統制権とは、例えば組合員が組合規約に反する行動に出たり、組合の議決機関の決定に従わない場合に、労働組合が課す制裁を行なう権利のことをいいます。

その根拠については、団体一般が共通してもつ権限だとの考え方（団体固有権説）もありますが、判例は、憲法28条に基づく労働組合固有の権利と考えているようです。

●判例紹介●

三井美唄労組事件（最判昭43.12.4）

（判決の要旨）

憲法上、団結権を保障されている労働組合においては、その組合員に対する組合の統制権は、一般の組織団体のそれと異なり、労働組合の団結権を確保するために必要であり、かつ、合理的な範囲内では、労働者の団結権保障の一環として、憲法28条の精神に由来するものということができる……

---

(2) 統制権に関する具体的な問題

労働組合による統制ということを考える場合、それは労働組合の内部社会だけで通用するものではなく、外から見ても客観的に妥当であり、

民主的なルールにのっとって行使されなくてはなりません。

このことから、一般論として次のようなことがいえると思います。

○まず、組合員に違法行為を強制できないのは当然です。

○労働者の基本的自由や人権を奪うこともできません。

○組合員の内部における批判の自由は民主主義の基本ですから、それらを妨げるようなことも許されません。

そのような視点を持ちながら、具体的問題を眺めてまいりましょう。

労働組合が政治的活動を行う場合に、それに反発する組合員の批判的な行動に制裁を加え得るかという問題があります。この点については、以下の判例があります。

●判例紹介●

中里鉱業所事件（最判昭44. 5. 2）

（判決の要旨）

労働組合は、憲法28条による労働者の団結権保障の効果として、その目的を達成するために必要であり、かつ、合理的な範囲内においては、その組合員に対する統制権を有するが、他方、公職の選挙に立候補する自由は、憲法15条１項の保障する重要な基本的人権の１つと解すべきであって、労働組合が、地方議会議員の選挙にあたり、いわゆる統一候補を決定し、組合を挙げて選挙運動を推進している場合に、統一候補の選にもれた組合員が、組合の方針に反して立候補しようとするときは、これを断念するよう勧告または説得することは許される

—90—

が、その域を超えて、立候補を取りやめることを要求し、これに従わないことを理由に統制違反として処分することは、組合の統制権の限界を超えるものとして許されない……この理は……立候補した者のためにする組合員の政治活動の自由との関係についても妥当する。

ここで、憲法15条1項の条文をあげておきましょう。

憲法第15条（公務員の選定罷免権）

　公務員を選定し、及びこれを罷免することは、国民固有の権利である。

次に、組合員の言論の自由と統制権の関連が問題となります。

前にもお話ししましたように労働組合内部での民主主義は可能な限り確保されるべきです。ですから組合員による組合の方針に対する批判活動や現執行部に対する批判的な活動などは労働組合の民主的運営を確保するためには不可欠のものであり、原則として許容されるべきであり統制権の対象にはならないと考えるべきです。

しかしながら、それらの批判が事実に基づく公正なものでなければならないことはいうまでもありません。

さらに、組合員が労働組合の違法な指令に従う義務があるか否かが問題となります。

労働組合において決議された指令が出された場合であっても、それが違法である場合には、それに服さない組合員に対して指令違反を理由に

統制処分に処することができないと考えます。誰でも違法行為を強制される理由はないからです。

　同様に後に説明する争議行為（ストライキ等）との関連でも、組合員は組合からの違法な争議の指令には従わなくても、処分の対象にはならないと考えられます。

(3)　統制処分

　労働組合の統制処分の種類や手続きは組合規約に定められます。

　一般的には、重い順に除名、権利停止、罰金、戒告、けん責などが規定されています。

　統制処分はその事案に関与した組合員の意に反して不利益処分を下すものですから、統制処分を下すには、その手続きが適正である必要があると考えます。そして、処分を受ける者には弁明の機会が十分与えられる必要があります。又、同一の処分に対して再度の決議を行うことは一事不再理の原則に反して無効になると考えられます。

　ここで、一事不再理の原則とは、刑事裁判に関する原則で、ある事件について有罪無罪の判決または免訴の判決があって確定した場合に、同一事件について再び公訴を提起することを許さない原則をいいます。

憲法第39条（遡及処罰、二重処罰等の禁止）

　何人も、実行の時に適法であつた行為又は既に無罪とされた行為については、刑事上の責任を問はれない。又、同一の犯罪について、重ねて刑事上の責任を問はれない。

—92—

第3章　団体交渉権

1．団体交渉権
2．団体交渉とは
3．団体交渉の当事者
4．団体交渉の担当者
5．複数組合主義
6．誠実交渉義務
7．団体交渉の打ち切り
8．団体交渉事項
9．労使協議
10．苦情処理

1. 団体交渉権

団体交渉権とは、端的にいえば、労働条件その他の労働関係につき労働組合が使用者に対して「話し合いに応じろ」と要求することができる権利です。団体交渉は労働組合の最も重要な活動であり、団体交渉権は労働組合にとっては、その存在意義をも示すような非常に重要な権利だと思われます。

団体交渉権も憲法上保障された権利です。まさに労働三権の内でも中枢的な権利といえるものです。団結権とか団体行動権は、団体交渉権の行使のためにあるのだといっても過言ではないでしょう。

くどいようですが、再度憲法の条文を確認しておきましょう。

憲法第28条（勤労者の団結権及び団体行動権）
　勤労者の団結する権利及び団体交渉その他の団体行動をする権利は、これを保障する。

労働組合法には次の規定があります。

労働組合法第6条（交渉権限）
　労働組合の代表者又は労働組合の委任を受けた者は、労働組合又は組合員のために使用者又はその団体と労働協約の締結その他の事項に関して交渉する権限を有する。

この団体交渉権が労働組合法上強化されて、労働組合からの団体交渉の申し出を、使用者が正当理由なしに拒むと不当労働行為にあたるのです。

労働組合法第7条（不当労働行為）

使用者は、次の各号に掲げる行為をしてはならない。

⋮

2　使用者が雇用する労働者の代表者と団体交渉をすることを正当な
　理由がなくて拒むこと。

⋮

　労働組合が使用者に団体交渉を拒否されたとして不当労働行為の救済
を労働委員会に申し立てて、それがみとめられると使用者に団交応諾命
令なるものが発せられます。ここで、団交応諾命令とは、「使用者は団
体交渉に応ぜよ」といった救済命令のことをいいます。

労務屋の横道 ⑫〜労働組合からの要求

　経営側も従業員の要求に耳を傾けて、できれば実現させたいと
考えているとの前提にたてば、労働組合からの要求は非常に重要
な意味を持ちます。

　従業員の要求といっても千差万別で、それをまとめるのは大変
な労力が必要であることは想像に難くありません。仮に、労働組
合が無い会社でそれをやろうと思えば多くのスタッフが必要で、
人件費を使ってまでして雇わなくてはならないでしょう。しかも、
経営サイドに立つスタッフに従業員の本音が伝わるかについて
は、疑問無しとはいえないでしょう。

その点、労働組合は、様々な組合員（≒従業員）の要求の中から、彼らなりの民主的な手続きで、それを絞ってまとめてくれるのです。しかも、組合費という彼らの費用を使ってです。こんなありがたいことは無いのです。経営サイドとしては、それを組合員（≒従業員）の総意と受け取って検討することに労力を集中できるのです。

２．団体交渉とは

　団体交渉とは、労働組合が、使用者又はその団体と労働協約（労働条件や労使間のルール等）の締結その他の事項に関して交渉することをいいます。略して「団交」と呼ぶことも多いようです。

　労働基準法には、次のような規定があります。

> **労働基準法第２条**（労働条件の決定）
> 　労働条件は、労働者と使用者が、対等の立場において決定すべきものである。

　ここに「対等の立場」と書かれてはいますが、一般的には、雇う側（使用者）と雇われる側（労働者）では、実質的な力関係は異なります。つまり労働者の方が立場的に弱いことから、個々の労働者が個別に使用者と交渉しても多くの場合あまり成果は期待できないのです。そのような前提にたって、憲法の労働三権や労働組合法は存在しているのです。
　そこでより多くの労働者が団結して労働組合をつくり、集団的に使用

者と労働力とその条件に関する取引をする団体交渉に期待がかかるのです。後程説明する「団体行動権」のうち、争議権（ストライキ）をバックに交渉すれば、その力は更に高まるとされています。

　私たちが普通に暮している市民社会では、一般的には他人（例えば隣人）との交渉を義務付けられることもありませんし、まして強要されることはありません。交渉をするか否か、交渉するにしても誰と交渉するか、交渉の申し出に対してそれに応じるか否かも、基本的には各人の自由です。

　つまり市民社会の一般的な法律の建前からは、団体交渉権などという権利は存在しないし、それに対応する団交応諾義務も存在しないのです。

　しかし、憲法等の認めた団体交渉権は、労働組合という団体が特別に持つ権利で、労働組合の使用者に対する交渉したいとの申し込みに対しては、原則使用者は交渉のテーブルに着かなくてはならないのです。これは、労働組合の持つ強力且つ特別な力といえるでしょう。

労務屋の横道 ⑬〜手続きの哲学

　労働組合と交渉をして物事を決めていこうとすると、何かと手続きが多くて煩わしいという意見があります。

　確かに、団体交渉の後に組合が出すビラ等は、多くの組合員は真剣には読んでいないかも知れません。あるいは、労使が団交の席で、世界経済、日本経済並びに経営状況の議論をしても、多くの組合員には理解されないかも知れません。

—97—

でも、それで構わないのではないかと私は思うのです。

　読まれないかもしれないビラだとしても、ビラを配ることで組合が使用者との交渉等の活動をしていることは視覚的に理解されます。

　多くの組合員は、自分たちが民主的な手続きで選んだ代表が、会社の代表と団体交渉という手続で話をして決めたことなら、内容はよく分からないとしても、大きくは間違っていないだろうと思っているのではないでしょうか。そこに、一応の納得感があるのではないでしょうか。

　多くの組合員、いい換えれば従業員が、労使の細部のやり取り（内容）に関心をもっていることは必ずしも理想的な姿とはいい切れないような気がします。従業員が労働条件について日々気にしているようでは、企業経営にも支障が出ると思わます。

　その点、手続きは誰の目にも見えるものです。団体交渉をはじめとする手続きをきちんと踏んでいれば、それなりのことはやられているのだとの安心感が組合員（≒従業員）の中に醸成されると思うのです。

労務屋の横道 ⑭〜質問の事前告知

　質問の事前告知とは、団体交渉や労使協議会の場で、労使双方が相手方に質問する内容を事前に通知することをいいます。それぞれの労使関係や労使慣行によって、その有無や方法は様々でし

ょう。

　私が若い頃は、この事前告知に対して違和感を覚えましたし、潔しとしない感じを持ちました。双方を代表する者が質問して回答するのですから、臨場感をもって、その場で考え自分の言葉で回答すべきと考えていたのです。

　しかしよくよく考えてみると、このシステムの効用がみえてきました。質問はなぜするかというと、組合の要求内容や使用者の考え方を、より正確に把握したり理解することを主たる目的に行うものなのです。

　だとすると、事前に質問の告知を受けていて、より正確で組織内で、もまれた内容を回答することに合理性があります。

　決して、相手の無知なり検討不足を突いて勝ち誇るような性質のものではないのです。それはただのいじめ、ないし意地悪の類でしかありません。

　もし、このようなことを目的として不意打ちの議論がなされる労使関係は、はた目からは面白いかもしれませんが、良好な労使関係ではありえないことだと思われます。

３．団体交渉の当事者

　団体交渉の当事者とは、自らの名において交渉を行い、その成果物である労働協約を締結する主体となる者のことをいいます。

　団体交渉の当事者については、労働組合法に規定があります。繰り返

—99—

しになりますが引用しておきます。

> 労働組合法第6条（交渉権限）
>
> 　労働組合の代表者又は労働組合の委任を受けた者は、労働組合又は組合員のために使用者又はその団体と労働協約の締結その他の事項に関して交渉する権限を有する。

(1) 労働者側の当事者

団体交渉で労働者側の当事者になるのは、「労働組合」です。

単位組合は当然ですが、その上部団体である連合体も、労働組合法上の労働組合の要件を備えており、且つ連合体に加盟している組合に統制力を持つものは連合体独自の問題ならびに加盟組合に共通する問題については、当事者になり得ます。又、規約に定めがあれば単位組合独自の問題についても当事者となり得ます。例えば、日本では労働組合の多くが産業別の労働組合を持っています。そして、その上部団体そのものが、独自に労働組合と認められる場合があるのです。

なお、ここで単位組合とは、労働組合の連合組織の中で、最下部の単位をなす組合のことをいい、独自の規約・役員をもち、独立した活動をなす組合のことです。略して単組などとも呼ばれます。

上部団体でも、単なる連絡協議会のような組織のものは、当事者にはなり得ないと解されています。

それでは、単位組合の下部組織の場合はどうでしょう。いわゆる職場交渉とか課支部交渉等と呼ばれるものです。交渉権限が組合規約等で与えられていれば、その限度において団体交渉権は持ちます。しかしこの

—100—

場合も、それ自体として労働組合としての実体を持たないものは団体交渉の結果に基づく労働協約は締結できないと考えられます。

(2)　使用者側の当事者

　先に条文（労働組合法第6条）で確認しましたように、使用者の側で団体交渉の当事者となるのは、「使用者又はその団体」です。

　ここで、「使用者」とは、労働契約の一方の当事者であり、具体的には、個人企業の場合では、企業主個人であり、法人企業の場合は法人自体（例えば○○株式会社）を指します。

　そして、「その団体」とは、加盟している使用者に対して統制力をもち、そのために団体交渉をする権限をもった団体のことです。実際には、使用者団体が団体交渉の当事者として登場することはあまり多くはありません。ここでも、単なる連絡協議会のような組織はあたらないと解されています。

　なお、労働者の基本的な労働条件について、労働契約の上での使用者と、「部分的とはいえ同視できる程度に現実的かつ具体的に支配、決定することができる地位にある場合」には、労働組合法7条の使用者に該当する可能性があるとの判例は前に紹介したとおりです。

4．団体交渉の担当者

　当事者とか担当者といった、似たような言葉がでてきましたので、ここで整理しておきましょう。

　団体交渉の当事者というのは、その名において団体交渉が行われる者をいいます。例えば、労働組合側でいえば、○○労働組合とか××組合

連合会といった例があげられます。

　使用者側では、△△株式会社といった法人そのものがあげられます。

　これに対して、団体交渉の担当者とは、団体交渉の当事者の名において当事者の為に、団体交渉を現実に行う者（生身の人間）をさします。具体的には以下に解説します。

(1)　労働者側の担当者

　労働者側で、団体交渉の担当者とは、前にお話ししました労働組合法6条の「労働組合の代表者又は労働組合の委任を受けた者」です。

　前段の「労働組合の代表者」には、対外的に組合を代表する者（よく使われる名称としては、執行委員長、組合長等）だけではありません。当該労働組合で当然に交渉の委員になりうるとされているもの（例えば、副委員長、書記長等の組合三役とか執行委員）が含まれます。

　しかしながら、彼らが交渉の妥結権限や労働協約の締結権限までも当然に有するわけではない、ということには留意が必要です。

　後段の「労働組合の委任を受けた者」の範囲は特に制限はなく、組合員でもそれ以外でも構いません。労働組合の委任を受けていれば、弁護士や上部団体の役員なども出席することができます。

　この点について、労働協約で「第三者交渉委任禁止約款」という条項が設けられることがあります。これは、組合員以外には交渉を委任しないという趣旨のものですが、その効力については争いがあります。

　この問題に関しては、交渉担当者の選任は、労働組合の内部で決める問題であり、対抗関係にある使用者との協約によって制約することは、

憲法28条の保障する団体交渉権に対する不当な制限であり無効と解する説があります。

　しかしながら、この規定は、団体交渉の当事者を制約するものではなく、あくまで手続き面で、交渉担当者に関する当事者間の自主的な合意であるから有効と考えます。私は、あくまで、労使の自治は極力尊重されるべきものではないかと考えます。但し、これに関しては少数意見かもしれません。

労務屋の横道 ⑮〜組合役員の人事・その2

　私ごときが云々すべきことではないかも知れません。

　しかし、率直に感じることを述べさせていただきます。

　組合役員、とりわけ職場の代表の支部長さん等にどのような人が選ばれてくるかについては特徴があるように思われます。

　第一に仕事ができる人、仕事熱心なこと。職場では、仕事ができないと周囲の信頼が得られないからでしょう。そして、この人たちは愛社精神というか会社が好きな人が多いようです。

　第二に世話付きで周囲の人望が厚いこと。これは彼らの組合活動が奉仕の精神で成り立っていることからもうなずけます。又、組合活動は、仕事と違って指揮命令の関係で人が動くわけではないのですから、そのリーダー達には、人心を納得させうる人格が求められます。

　そのような人たちが、使用者側の人間との意見交換や接触、テーマ解決についての職場浸透活動といった諸々の活動経験を踏ま

えてさらに成長する。当然こういった方々は、使用者側でも望ましい人材です。

　組合活動のリーダーが、仕事の上でのリーダーとして頭角を現すのはよくみられることですが、納得のいくところでしょう。

(2)　使用者側の担当者

　労働者側の担当者については、労働組合法6条に規定がありますが、使用者側の担当者については、労働組合法に特に規定がありません。

　個人企業における当該個人、法人企業における代表権を持つ取締役が該当するのはいうまでもありません。その他にも各々の企業組織において、交渉権限を与えられている者が該当すると解されます。例えば、労務担当取締役とか労働部長などが、対組合に対しては「社長代理」として交渉の任にあたる例が見受けられます。

　いずれにしても団体交渉事項について交渉担当能力を有している者が誰も出席せず、その能力の無いないような地位の者だけを出席させることは、不誠実団交とされる恐れがあります。一方、交渉担当能力があり、団交事項について十分な議論を行える者であれば、必ずしも代表取締役や取締役が出席する必要があるものではないと考えられます。

5．複数組合主義

　日本では、例えば1つの企業内に複数の労働組合がある場合、その労働組合の規模にかかわらずすべての労働組合に平等に団体交渉権が保障されています。これを複数組合主義といいます。

法的には、憲法28条が団体交渉権等の労働三権を「勤労者」個々人に
保障している点に根拠があるとされます。

「勤労者」個人に対し、保障している以上その人数は関係ないという
ことです。平たくいえば、一人一人に労働三権が与えられているのだか
ら、それぞれが主義主張の合う者と仲間になって権利を行使できるとい
うことだと思います。この点については後で説明するように、複数組合
主義が憲法上の要請かについては疑問視する見解もあります。
　使用者としては、要求されれば労働組合がいくつあろうとも、そのす
べての労働組合と交渉する義務があることになります。使用者も大変で
す。使用者の本音を推測すると組合の数は少ない方が良いと思われま
す。ユニオン・ショップ制が、労働組合にとってだけでなく使用者にと
っても好ましい制度であるということは、このあたりにも背景がありそ
うです。
　複数組合主義ですから、複数の労働組合があり、そのうちの１つの労
働組合と使用者が、唯一交渉団体約款（使用者が労働協約を締結してい
る特定の労働組合に対し、他の労働組合とは団体交渉をしないことを約
定するもの）を締結しても、これは労働基本権の根幹である団体交渉の
否定につながるということで効力がなく、使用者がこれを盾にして他の
労働組合との交渉を拒否すれば不当労働行為となると解されています。

　また、同一使用者に対応する複数の組合があって、それらの労働組合
が、共同で団体交渉を要求する場合がありますが、この点については、
次の判例が参考になると思われます。

●判例紹介●

旭ダイヤモンド工業事件（最判昭60. 12. 13）

（判決の要旨）

　会社内に存する2つの労働組合が共同して申し入れた団体交渉を、その必要性を認めないとして拒否したことにつき、当該組合間にはいまだ共同交渉が許されるべき条件すなわち統一意思と統制力が確立しているものとは認められず、会社が同申入れに応ずることが合理的かつ相当であると認められる特段の事情もなく、また会社が恣意をもって個別交渉に固執しているものともいえないから、本件共同交渉拒否は不当労働行為を構成しない……

　ちなみに、アメリカでは排他的交渉代表制（適切な交渉単位内における全労働者の過半数の支持を得た組合が当該単位内の全労働者に関して排他的に団体交渉権を取得・行使する制度）と呼ばれる制度を採用しています。これは平たくいえば、当該職場の過半数の労働者の支持を得た労働組合だけが使用者と団体交渉をする権利があるという制度です。そして、その組合と使用者が決めたものが、その職場の全部の労働者の労働条件となるものです。

　なお先ほども触れましたが、日本でもこの制度の採用は「憲法28条は立法政策に委ねている」、即ち憲法を改正しなくとも労働組合法等の改正でこの制度の導入は可能であるという有力な見解があることも紹介しておきましょう。

労務屋の横道 ⑯～排他的交渉代表制について

　本文で述べた排他的交渉代表制が、日本では憲法上の要請から採用できないということになると少し腰が引けてしまいますが、有力説の解くように立法政策の問題だということになると、この制度の選択可能性を立法化することに意義を感じます。

　すべての労働組合に平等に団体交渉権が保障されているという前提に立つと、理論的には100名の従業員がいれば最大50の労働組合の結成が可能で、使用者はそのすべてと団体交渉をしなくてはなりません。これでは、使用者は常時団体交渉に時間をとられ「企業は労使関係を売って飯を食っているのではない。製品・サービスを売って生きているのだと」といいたくなります。現実問題としては、そこまでのことはなく、多くは多数組合と少数組合が併存するという状態でしょう。

　実際、実務感覚からいうと、少数組合に多数組合以上の労働条件を回答することはまず想定しにくいと思われます。だとすると、少数組合との交渉は、少なくとも結果としては何も生み出すことにならない可能性が強いと思われます。

　私のいうことではないかもしれませんが、労働運動の在り方としても、少数派として孤立するよりも多数派内で意見表明をして多くの賛同者を得ることにより、まず多数派を形成することに努力を傾注し、その上で使用者と交渉する方が効果的な運動の展開が可能となるといえるのではないかと思われます。

日本でも、事業場単位で過半数を占める労働組合は、過半数代表として格別の役割を持っています。具体的には就業規則の作成、変更の際の意見聴取の主体であったり、36協定をはじめとする各種の労使協定の締結主体となったりすることです。そうした場合は、当該事業所の全員を代表して行動することになります。参考までに36協定の根拠条文をあげておきましょう。

労働基準法第36条（時間外及び休日の労働）
　使用者は、当該事業場に、労働者の過半数で組織する労働組合がある場合においてはその労働組合、労働者の過半数で組織する労働組合がない場合においては労働者の過半数を代表する者との書面による協定をし、これを行政官庁に届け出た場合においては、第32条から第32条の５まで若しくは第40条の労働時間（以下この条において「労働時間」という。）又は前条の休日（以下この項において「休日」という。）に関する規定にかかわらず、その協定で定めるところによつて労働時間を延長し、又は休日に労働させることができる。

　しかし、こうした場面は労働基準法等の法に定められた限定的なものですし、労使協定は原則免罰的効力という限定的な効力しか持ちません。労働条件の全般について直接的な決定力をもつアメリカの排他的交渉代表制の仕組みとは根本的に異なるものです。

労務屋の横道 ⑰〜コンプライアンスの視点

　前に、法定の最低基準の労働条件の更なる向上を目指すのが労働組合だといった趣旨のことをお話ししました。

　私のコンサルティングの経験からいうと、この法定の最低基準の労働条件が遵守されていない企業さんが意外と多いようです。そして、使用者が法違反であるとの認識が無い場合も結構多く見受けられます。

　とくに、中小企業さんの場合、社内に人事労務の専門部署とか専門の担当者が不在の為、使用者をその面で支える仕組みがないことに起因している場合も多いように思われます。

　このような場合も、労働組合がその役割を果たすことが期待できます。一人では、法違反を指摘する勇気がなくても労働組合としてならその可能性は十分にあります。

　それに自分たちの労働条件のことですから、同志が集まれば学習する気にもなるでしょうし、最近は公共サービスでも学習の機会は開かれています。又、上部団体に加入すればアドバイスも受けられます。

　このように、集団的労使関係がうまく機能すれば、使用者も知らない内にブラック企業のレッテルをはられるようなリスクを回避できる可能性は増すはずなのです。

6. 誠実交渉義務

　先ほど、団体交渉応諾義務ということで「労働組合からの交渉をしたいとの申し込みに対しては、原則使用者は交渉のテーブルに着かなくてはならない」とお話ししました。それでは、文字通り使用者は「テーブルに着く」だけでよいのでしょうか。

　そうではありません。使用者の団体交渉応諾義務というのは、形式的に団体交渉に応じればよいわけではありません。実質的にも交渉に応じるものである必要があるといわれています。

　使用者は労働組合と団体交渉の過程で、合意の到達を目指して「誠実に」交渉しなければならないのです。単に事情もよく分からない者が対応して話を聞くとか、最初から労働組合の話も聞かないうちに、「労働組合と合意する気はありません」等といい切ってしまうようなことは許されないのです。

　このことを称して、使用者には団体交渉において**誠実交渉義務**があるといいます。

　でも「誠実に」といったところで、抽象的でよく分かりません。

　この点、誠実とは「使用者の内心の心の状態をあらわすものではなく、客観的に、交渉が実質的に意味あるものにすること」であると解されます。

　しかしながら誠実交渉義務は、重要な内容であるにもかかわらず、労働組合法にはなんら規定がありません。

　地裁の判例ですが、参考となる裁判例をあげておきましょう。

—110—

●判例紹介●

カール・ツァイス事件（東京地判平1．9.22）
（判決の要旨）
　使用者は、自己の主張を相手方が理解し、納得することを目指して、誠意をもって団体交渉に当たらなければならず、労働組合の要求や主張に対する回答や自己の主張の根拠を具体的に説明したり、必用な資料を提示するなどし、また、結局において労働組合の要求に対し譲歩することができないとしても、その論拠を示して反論するなどの努力をすべき義務があるのであって、合意を求める労働組合の努力に対しては、右のような誠実な対応を通じて合意達成の可能性を模索する義務があるものと解すべきである……

　誠実交渉義務違反の場合も、団体交渉拒否の場合と同じく不当労働行為が成立する可能性があります。
　労働委員会から、「誠実に交渉せよ」との命令が発せられる可能性があるわけです。

　誠実交渉義務違反について、判例に出てきた事例をみてみましょう。
○対案を提示しなかったり、根拠となる資料を示さずに自己の主張に
　固執する
○当該事項に関して、交渉権限のある者が出席しない
○組合からの要求に対して具体的資料の提供をせず、一定の回答をく
　りかえすだけ

○企業の財務状況を示す計算書類の提示の求めに応じない

○団体交渉の出席人数の制限、交渉開始に至る手続問題等を楯に交渉開始を遅延させる

○合意達成の意思がないことを明言して交渉にのぞむ

○文書交換による主張のやり取りに固執し、直接交渉に応じないなど、無用な引き延ばしを行う　等々

次のような判例もあります。

●判例紹介●

浦和電器産業事件（最判平5.4.6）

（判決の要旨）

　「労使双方が自己の意思を円滑かつ迅速に相手に伝達し、相互の意思疎通を図るには、直接話し合う方式によるのが最も適当であり、その際、書面を補充的な手段として用いることは許されるとしても、……専ら書面の交換による方式は、右の直接話し合う方式に代わる機能を有するものではなく、労働組合法の予定する団体交渉の方式ということはできない」との下級審の判断を正当とした。

労務屋の横道 ⑱〜労働組合側の誠実交渉義務

　労働法の諸先生の書物や判例等を読むと、使用者ないし経営者の側の団体交渉における誠実交渉義務が強調されています。しかし、労働組合側の誠実交渉義務に触れているものは、私の勉強不足かも知れないが見たことがありません。理由は、使用者側の団交応諾義務の内容として誠実交渉義務が論じられるからだと思われますが、一旦交渉の席に着いた以上は、誠実に交渉に臨むべき義務は労使双方に課されるものと私は考えます。

　あまり信じたくはありませんが、世の中には自分たちの要求だけをまくしたてて、使用者側の意見を聴こうともしない労働組合や、技術一筋でたたき上げてきたような純朴な経営者を「不当労働行為だ」等と脅して要求をのませるような労働組合も存在するとききます。もし、仮にそのような労働組合があったとすれば、交渉、即ち言葉を変えれば話し合いで問題を解決するという基本ができていないことになります。労働組合の側にも、誠実交渉義務が強調されてもよいと思われます。

　幸い私のパートナーであった労働組合は、要求の根拠も懇切丁寧に説明してくれました。そして、それが中長期的展望からの要求であることも理解できましたし、会社側の意見にも真摯に耳を傾けてくれました。

　これこそが、本来的な意味での労使対等下での団体交渉の姿であると私は考えます。

7．団体交渉の打ち切り

　しかしながら、誠実交渉義務とはいっても、あくまで「交渉」する義務であって、労使の合意ないし使用者の譲歩までも要求する義務ではありません。

　誠実交渉義務を果たしつつ交渉に応じている限り、結果がどうなるかは、まったくもって交渉次第（端的にいえば労使の交渉力による）ですから、最終的には交渉妥結にいたらないとしても、そのことは使用者の責任ではありません。

　地裁の判例ですが次のようなものがあるので、紹介しておきましょう。このような誠実交渉義務を尽くした場合には、団体交渉を打ち切ることも正当化されるのです。

●判例紹介●

中労委（株式会社シムラ）事件（東京地判平9．3．27）
（判決の要旨）
　……労使双方が当該課題についてそれぞれ自己の主張・提案・説明を尽くし、これ以上交渉を重ねても進展する見込みがない段階に至った場合には、使用者としては誠実交渉義務を尽くしたといえる……

　次のように、労使の主張が対立して交渉が進展する見込みがなく、団体交渉を継続する余地がなくなっていたような場合の判例も見ておきましょう。

```
●判例紹介●
```

池田電器事件（最判平4.2.14）

（判決の要旨）

　本件救済命令発令時において、会社再建、解雇撤回を議題とする団交は、労使の主張が対立して交渉が進展する見込みはなく団体交渉を継続する余地はなくなっていたというべきであるから、会社が団交の継続を拒否したことに正当な理由がないとはいえず、救済命令の当該部分を取り消した原審判断は結論において是認できる……

　また、団体交渉は、その手続きないし手順が労働協約に定められている場合は、それにしたがって行われる必要があります。日時であったり、会場や双方の参加人数等について、社会で通用する常識の範囲内で、平和的かつ秩序のある対応で行わなくてはならないのです。

　労働組合が、このような内容に反するときは、使用者が交渉を打ち切ったり拒否をしても正当理由があるということで不当労働行為にならないことがありうると解されます。

---

8. 団体交渉事項

　これまでお話ししてきましたように、使用者は労働組合からの申し出があれば団体交渉に応じなければなりません。しかも誠実に対応しなければならない義務があります。では、使用者はいかなる事項であっても、交渉の席につかなくてはならないのでしょうか。

団体交渉は、「これこれの具体的な問題につき交渉しましょう」というように特定のテーマについて交渉することです。「とにかく交渉の席に着け」という要求ではありません。

　また、団体交渉が使用者にとっての法的な義務と位置づけられる以上、どんな内容であっても団体交渉に応じなければならないというのは使用者にとって酷なことになるでしょう。

　但し、ここでは使用者の団体交渉に応ずる「義務」を問題にしているのですから、使用者側が任意に応じるのであれば、どのような問題でも団体交渉自体は可能となります。団体交渉の対象となる事項には、義務的なものと任意的なものがあるのです。

　問題となるのはいわゆる「義務的団交事項」即ち、使用者が法的に団体交渉を強制される事項はどのようなものかということです。義務的団交事項といわれるものの範囲は、憲法28条や労働組合法により労働組合に団体交渉権が保障されている趣旨から判断されます。

　例えば、政治問題はどうでしょうか。確かに、労働組合は副次的には政治活動ができる団体ですが、政治問題を解決するための矛先は使用者ではなく、政府であったり国会等でしょう。使用者は政治家ではありません。一般論でいうと、使用者にとって処分可能ではない事項は団体交渉をしても無意味です。使用者が譲歩する余地の無い問題であり解決可能な問題でもないからです。

　そもそも論からいうと、労働組合は、主に労働条件の維持向上のための団体であり、そのために使用者と団体交渉をして、労働協約を締結する権利を有するのです。

—116—

そこから考えると、義務的団交事項即ち使用者が団体交渉に必ず応じなければならない事項は、労働者の労働条件その他の処遇に関する事項と、労働組合と使用者の間の取り決めに関する事項であって使用者にとって処分可能なものということができます。「使用者にとって処分可能」というのがキーワードとなります。

　判例でも、高裁の判決ですが次のように表現されています。

●判例紹介●

根岸病院事件（東京高判平19．7．31）
（判決の要旨）
　……誠実な団体交渉が義務付けられる対象すなわち義務的団交事項とは、団体交渉を申し入れた組合の構成員たる労働者の労働条件その他の待遇、当該団体と使用者との間の団体的労使関係の運営に関する事項であって、使用者に処分可能なものと解するのが相当である……

　ここで、「団体交渉を申し入れた組合の構成員たる労働者の労働条件その他の待遇」とは、具体的には賃金、労働時間、休日、休暇、各種の休業、配置転換、昇進・昇格、安全衛生、人事、福利厚生、退職等のことをいいます。
　「当該団体と使用者との間の団体的労使関係の運営に関する事項」の方は、組合事務所、掲示板の使用、在籍専従役員、組合休暇、ユニオン・ショップ、チェック・オフ、団体交渉のルール等をいいます。

—117—

ここで問題となるのは、使用者側が主張する可能性がある「経営専権事項」といわれるものです。経営問題だから組合は関与する余地は無いといういい方です。例えば、経営計画、生産計画、業務計画、工場・支店の統廃合、経営者の人事等です。

　それは、使用者が「経営専権事項」は、それこそ経営がどこからの干渉も受けずに決めることだから団体交渉の対象にならないと主張する場面で現れます。

　この点に関しても、高裁の判決ですが判例をみておきましょう。

┌─── ●判例紹介● ─────────────────────┐

栃木化成事件（東京高決昭34. 12. 23）
（判決の要旨）
　職場再編成問題は、従業員の待遇ないし労働条件と密接な関連を有する事項であるから、団体交渉の対象となり得ることはもちろんであつて、これに反する会社の主張は失当というの外はない……

└──────────────────────────────┘

　法律上は「経営権」と呼ばれるような明確な権利があるわけではありません。ですから、義務的団交事項かどうかは繰り返しになりますが憲法28条や労働組合法が労働組合に団体交渉権を保障した趣旨から判断していくべきでしょう。

　確かに純然たる経営事項であれば、団体交渉に応じる必要はありません。一般的には、前にお話ししましたように「労働者の労働条件その他の処遇に関する事項と、労働組合と使用者の間の取り決めに関する事項

であって使用者にとって処分可能なもの」と考えるのが妥当であると考えます。

　例えば、工場移転そのものは、義務的団交事項にはなりませんが、それによって組合員の雇用や労働条件に影響がある可能性があるならば、団体交渉に応じなければならないと解されます。

　参考までに古い通達ですが、関連するものがありますので紹介しておきましょう。

旧労働省通達　昭和32．1．14発労第１号（抜粋）

（拒否の正当な事由）

　法は、いかなる場合にも、使用者に団体交渉に応ずべき義務を負わせているのではない。使用者は、正当な事由があれば団体交渉の全部又は一部を拒否しうる。主な場合を例示すれば次のとおりである。

イ、交渉の目的物に関して

(1)　交渉の目的物がもともと団体交渉になじまない性質のものである場合

　他の使用者と労働組合間の紛争のように、その使用者が処分権を持たない事項（同情争議）。労働条件や労働者の待遇の基準と明確な関連を持たない企業の経営方針、企業の役職員の人事等、使用者に処分権があっても、およそ労働協約になじまない事項。かような事項に関する交渉は、もともと法の助成せんとする団体交渉ではない。

なお、先ほどもお話ししましたが、義務的団交事項といえない事項に
ついても、使用者がこれを拒まず団体交渉に応ずることはもとより差し
支えはありません（任意的団交事項）。この辺は、まさに個々の労使の
自治の問題だと思われます。

9. 労使協議

　繰り返しになりますが、労働組合と使用者との間の、組合員の労働条
件や、労使間の取り決めごとに関する交渉のことを団体交渉といいま
す。これに似て非なるものに、労使協議といわれるものがあります。

　団体交渉も労使協議も、雇用・労働条件、それと関わる労使間の諸問
題・諸課題について、労働者の代表と使用者等が話し合うものであると
いう面では似ています。

　確かに労使協議も、一般的には労働組合、使用者間で行われるのです
が団体交渉とは法律的には違ったものです。とはいっても、実際は、両
者が融合しているような場合もあります。

　西欧諸国の場合、団体交渉は産業別ないし職種別に行われ、これとは
別に企業単位で従業員代表制が行われており、そこでは労使協議が行わ
れている場合には両者の違いははっきりしています。しかし日本におい
ては、両者は当事者や対象とする事項などが重なり合うことが多いた
め、違いがはっきりしない場合が多いのです。

　そこで、両者の違いの典型例をイメージして紹介しましょう。

—120—

労務屋の横道 ⑲〜労使の話し合いの場

　人事労務のコンサルタント業をやっていますと、経営者の方とは当然お話する機会が多くあるのですが、同時にその会社の従業員の方とお話する機会も多々あります。そこで意外と多くみられる現象をご紹介しましょう。

　経営者とお話すると、従業員に対する不満や苦情がどんどん出てきます。そこで、「では、その件に関して従業員の方とお話する機会はありますか？」とお聞きすると、「ほとんど無い」という返事が返ってきます。

　他方、そこの従業員の方とお話すると、今度は経営者に対する不満が次から次と出てきます。ここでも、「ではそれらについて、経営者の方とお話したことがありますか？」とお聞きするとやはり、「全く無い」という返事が返ってきます。

　これでは、良い労務管理ができるわけがありませんし、ひいては良い会社経営ができるわけがないように思えるのです。やはり労使の話し合いの場をつくって、否が応でも話し合いがなされる必要を感じます。

　その役割を、労働組合が担うことができるのではないでしょうか。そうでなくとも、定例的に労使協議会を開いて、労使が情報交換なり意見交換することの効果が期待されるように思われます。

まず第一に、団体交渉は、繰り返しお話ししましたように、憲法28条の団体交渉権に基づく労働組合の権利を行使する場面です。そして使用者は、これに対して誠実に応ずる義務があります。

　他方、労使協議は、労働協約などの各々の労使の合意で設置されるものであり、法律上は義務付けられるような根拠はありませんし、各労使の独自の内容で運営されます。

　第二に、労使交渉は、例えば組合からの要求に対して使用者が回答するといった、いわば労使が相対立するような性格があり、交渉が決裂すれば争議行為の手段に訴える可能性があります。

　他方、労使協議は、労使が協調的な立場で、使用者からは重要な経営情報が労働組合に開示されたり、労働組合からは、職場の生の声を使用者に伝えるなどの場面であり、まさに労使のコミュニケーションの手段なのです。

　別のいい方をすれば、労使交渉はある期日までに、何らかの結論を出す目的で行われます。しかし労使協議は、必ずしも結論を出すことが目的ではないといった違いがあります。

　なお、このところ労働条件等に関わる労使間の諸課題、諸問題について話し合い、解決するにあたって、労使協議の役割なり、重要性が高まってきているといわれています。どのような労使協議の場を設けるかは、各々の労使の話し合いで決めるわけですから、各々の労使関係の実態が反映されるため内容や運用も様々です。

　例えば、「団交前段型」とか「団交分離型」といって、労使協議では、経営に関する事項（事業所の移転等）について情報を交換して（とはい

っても経営側から情報を提供し組合側から質問をするということが多い
でしょうが)、団体交渉ではそれに伴う労働条件（配転等）について議
論する形態のものがあります。

また、「団交代替型」「団交一体型」といって、両者を一緒に協議する
ような形態もあります。

先ほどもお話ししましたように、憲法にも労働組合法にも労使協議と
いう言葉は登場してきません。

ですから、労使協議に関して紛争が起こっても、不当労働行為制度の
ようなそれを救済なり解決する手段は無いことを意味します。

但し、「団交代替型」「団交一体型」といわれるような実質的に見れば
団体交渉とみなしうるような場合、話は別です。協議を拒否したり、不
誠実な協議をすると、不当労働行為と評価される可能性があります。

さらには、労使協議の結果を、労働協約にすることも可能であると考
えます。

労務屋の横道 ⑳〜労使協議会の効用

　私の所属していた企業では、労使協議会を、全社レベル／事業
所レベル／部課レベルで、定期的に開催していた記憶があります。
　労使協議会の効用については、本文でもお話ししましたがここ
では更に２点のことを追加しておきます。

1つは、労働組合とりわけ労働組合役員への情報の公開です。ここでは、団体交渉などではあまり触れない経営情報（人に関するものだけでなく、物やお金に関するものも）が提供されることによって、労働組合の役員は、会社の現在を知り、将来の予測が可能となります。そのことをバックに、会社からの提案に対する理解を深めたり、自分たちの要求の設定の参考にするのです。このことが、その後の労使間の話合いをスムーズに進めるための土台となるのです。

　2つ目は、労使関係の横ないし縦への展開です。団体交渉となると、どうしても使用者側は、人に関する部門（具体的には、労働部等）が対応することになります。しかし、とりわけ全社ないし事業所レベルの労使協議会となると、話題が経営全般や事業所全般に及ぶことから、物に関する部門（例えば、生産管理部門）やお金に関する部門（例えば、経理部門）の幹部等も対応することになります。

　これによって社内でも労使関係への理解が進み、労使の課題へのコンセンサスが得られやすくなります。労働組合にとっては、幅広い情報の正確な収集が可能となります。また、部課レベルでは、普段は上下の関係で仕事をしている方々が、労使を意識して対等な形で情報や意見の交換を行うようになります。これによって、労使のコンセンサスを得ながらの職場運営が可能となるわけです。

10. 苦情処理

その他、労使間の話合いの場としては、苦情処理手続きがあります。

これも法的に義務付けられたものではありませんので、各々の労使が話し合って内容を決めることになります。

日常の業務などから生ずる組合員の苦情や不平不満を、すべて団体交渉により処理することは、適切ではありません。そこで、これを解決するために設けられる機関が苦情処理機関で、これを労働協約化したものが苦情処理条項です。

最近、成果主義などの影響もあって労働条件が個別化してくると、この苦情処理の適切な運用も重要になってくると思われます。

苦情処理機関の運用の上で重要なことは次のようなことです。

まず、①苦情を申し立てたことを理由として申し立てた人に不利益な取扱いをしてはいけないことです。そして、②秘密を守ることも重要です。そうしないと申し立てようとする人が、その制度の利用を躊躇することになります。最後に、③迅速且つ公正に処理にあたること等があげられます。

労務屋の横道 ㉑〜相互の立場の理解

「労働者委員は経営の立場、使用者委員は労働者や組合の立場を推察・理解する度量と見識を」

　これは労働委員会の使用者側委員をされていた先輩の言葉です。労働委員会という労使が対立する場面を多くみてきた方の実感であろうと推察されます。

　上記の言葉の委員という部分をとって、少し修正すれば労使関係そのものにも通ずる言葉となります。

「労働組合側は経営の立場、使用者側は労働者や組合の立場を推察・理解する度量と見識を」

　自己主張と対立の構造だけからは決して進歩は生まれません。お互いに相手の立場も理解した上での発言は、相手の共感をもって迎えられるでしょう。そこに労使関係の一歩前進の鍵があるように思うのです。

　そのためには、日々の情報交換と自組織の学習習慣が不可欠と考えます。組合は、経営状況を理解し、使用者は、組合を通して職場の状況を理解することが必要ではないでしょうか。

第4章　団体行動権

1．団体行動権
2．争議行為に対しての法的な
　　保護
3．使用者側の対応
4．争議行為中の賃金
5．争議行為不参加の者の賃金
6．組合活動

1. 団体行動権

少しくどいですが、ここでまた憲法28条に登場してもらいましょう。団体行動権（ストライキ等をできる権利）は憲法が認めた権利であるということを再確認しておきましょう。

> **憲法第28条**（勤労者の団結権及び団体行動権）
>
> 　勤労者の団結する権利及び団体交渉その他の団体行動をする権利は、これを保障する。

団体行動権は、労働組合にとって団体交渉をより有利に進めるための手段ということができます。

この労働組合に保障された団体行動権という権利は大きく、**争議権**と**組合活動権**の２つに分けられます。

それぞれ読んで字のごとく、争議権は、労働組合が自分たちの要求を実現するために争議行為を行って使用者に圧力をかけることのできる権利であり、組合活動権は、団体行動から争議行為を除く諸々の組合活動（除く団体交渉）をする権利です。

前者の争議権でいう争議行為とは、具体的には、ストライキ（日本語でいうと同盟罷業）、スローダウン（同じく怠業）、ピケッティング（日本ではピケと略されることが多い）等をいいます。もう少し定義的にいいますと、前にお話ししましたように労働組合が団体交渉での使用者に対する主張や要求の実現を貫徹する目的のために行う、使用者に圧力をかける、使用者の業務の正常な運営を阻害する行為です。

参考までに、労働関係調整法の次の条文をあげておきましょう。

—128—

労働関係調整法第７条

　この法律において争議行為とは、同盟罷業、怠業、作業所閉鎖その他労働関係の当事者が、その主張を貫徹することを目的として行う行為及びこれに対抗する行為であって、業務の正常な運営を阻害するものをいふ。

　参考までにといったのはこの定義自体が、労働委員会が労働争議の調整や予防・解決をするという労働関係調整法の目的から定められたもので、一般的に争議行為の概念を定めたものとは考えられていないからです。多くの見解は、争議行為を使用者の業務の正常な運営を阻害する一切の行為と解しているようです。

　それでは憲法はなぜ「使用者の業務の正常な運営を阻害する行為」等という特別且つ強い権利を、労働組合に与えたのでしょうか。これは、まさに非常時の手段です。

　それは、労使の力関係を考えた上で、そこまで労働組合に強い権利を与えてまでしても、団体交渉を進展させようという価値観ないし考え方に憲法が立っているからだといわれます。

　それに対して、組合活動の方の内容は多岐にわたります。具体的には労働組合が行う、組合大会等の集会、ビラの配布や貼付等、様々な活動が含まれます。平和的に行われるものから、争議行為に近いものまであります。

　そこでこの違いは何かといいますと、組合活動は争議行為と違って、

業務の正常な運営を阻害せずに、しかも労務提供義務に反しない範囲で行う、日常的な平常時の行為といえるでしょう。

２．争議行為に対しての法的な保護

憲法28条による争議権の保障を受けて、労働組合の争議行為には、労働組合法上、免責（責任を免ずる）という意味で３つの法的な支えがあります。

それは以下のような態様です。

○刑事免責

○民事免責

○不利益取り扱いからの保護

労働組合と使用者が団体交渉しても、どうしても使用者の譲歩が得られないような場合に、労働組合に権利として認められているのが争議権です。

繰り返しますが、これは労働組合に特別に認められているもので、かつ強力な権利です。

仮に、他の会社の団体、通常はあり得ないことですが例えば会社の従業員のテニスサークルや親睦会が、使用者に会社からの活動費の援助の値上げを要求してストライキをしたらどうでしょう。こんなことは権利として認められません。このようなことを行えば勤怠上は単なる欠勤扱いとなりますし、場合によっては懲戒処分を受けたり、会社に損害が生じたら損害賠償を請求されるかもしれません。

というか、社内の笑い者になるだけでしょう。

ところが、労働組合なら賃上げ等を要求して使用者から満足な回答が得られないとしてストライキをしても、それが正当なものならばそのようなことにはならないのです。くどいようですが、正当な争議行為は労働組合を組織してから行うがゆえにこそ、刑事免責や民事免責、不利益取り扱いからの保護が受けられるのです。

　ただ単に、従業員が徒党を組み仕事を拒否したり抗議行動を起こしても、場合によっては警察に逮捕され、会社に損害賠償を請求されたり懲戒処分を受けるだけなのです。

　以下、正当な争議行為に与えられる法的な保護について、順次解説していきます。

(1)　刑事免責

まず、次の条文を確認してください。

労働組合法1条（目的）

　　　　　　　　　⋮

2　刑法（明治四十年法律第四十五号）第三十五条　の規定は、<u>労働組合の団体交渉その他の行為であって前項に掲げる目的を達成するためにした正当なものについて適用があるものとする。但し、……</u>

ちなみに、刑法35条の規定は次のとおりです。

刑法35条（正当行為）

　法令又は正当な業務による行為は、罰しない。

—131—

争議行為（条文上は「その他の行為」）についてこの２つの条文を併せ読むと、労働組合が行う正当な争議行為は、違法ではなくなり刑罰が科されないことになります。

　他の例をひくならば、ボクシングの選手は試合中に相手をなぐりますが（形式的には暴行罪となる可能性がある）、これは正当な業務行為なので実質的には罪にはなりません。これと同じことなのです。

　但し、上記の労働組合法１条２項の規定の位置づけについては、憲法による争議権の保障は、当然に刑事上の免責を含んでいるので、労働組合法は確認的なものを定めたに過ぎないと解されています。つまり、労働組合法のこの規定が仮になくても刑事免責は受けられるのです。

　具体例をあげると、争議行為は場合によっては形式上、住居侵入罪や威力業務妨害罪等に該当する可能性があります。

刑法第130条（住居侵入等）

　正当な理由がないのに、人の住居若しくは人の看守する邸宅、建造物若しくは艦船に侵入し、又は要求を受けたにもかかわらずこれらの場所から退去しなかった者は、三年以下の懲役又は十万円以下の罰金に処する。

刑法第234条（威力業務妨害）

　威力を用いて人の業務を妨害した者も、前条（三年以下の懲役又は五十万円以下の罰金）の例による。

—132—

ところが、正当な争議行為であれば、実質的には違法性が無いということで犯罪は成立せず刑罰も科されないのです。

(2)　民事免責

　例えば、ストライキを打つということは、労働者が使用者に対して負っている労働契約上の「働かなくてはならない」という債務を集団で果たさないことであり使用者が労働者に持っている「働いてもらう」という債権の侵害にあたります。

　これは、その現象だけを形式的にとらえると、使用者との間の労働契約に対する違反であり集団で債務不履行をしたということになります。

　ここで、債権とか債務は法律用語なので難しいかもしれませんが、簡単にいうと、何かを請求する権利が債権で、何かをしなければならない義務を債務というと考えればイメージしやすいでしょう。債務不履行とは、その債務の本旨（趣旨・目的のこと）に従った債務の履行をしないことをいいます。

　債務不履行ですから、それが原因で債権者である使用者に損害が発生すれば、債務者である個々の労働者は損害賠償責任を負わされるはずです。また、労働組合自体ないし組合役員の幹部等も、労働契約上の義務違反という違法な行為を指導したという点で使用者に対する債権侵害の不法行為責任を問われて損害賠償責任を負わされるはずです。

　ここで、不法行為とは、ある者が他人の権利ないし利益を違法に侵害する行為、または、その場合に加害者に対して被害者の損害を賠償すべき債務を負わせる法制度のことです。

なお、違法な争議行為と損害賠償責任については、地裁の判決ですが
次のものがあります。

●判例紹介●

書泉事件（東京地判平4．5．6）

（判決の要旨）

　争議行為が集団的団体行動の性質を有していることは事実であると
しても、そのことが直ちに個々の組合員の行為が法的評価の対象外に
なるとの結論には結びつかず、むしろ……組合員の行動は一面社団で
ある……組合の行為であると同時に、組合員個人の行為である側面を
有すると解されるから、組合員個人についても……のとおり不法行為
責任が成立するものというべきである。

　民事免責に関して、労働組合法は次のように規定しています。

労働組合法第8条（損害賠償）

　使用者は、同盟罷業その他の争議行為であって正当なものによって
損害を受けたことの故をもって、労働組合又はその組合員に対し賠償
を請求することができない。

　この民事免責の規定も、刑事免責と同様の理由で、確認的に規定され
たものと解されています。

　争議行為が正当なものならば、債務不履行責任も不法行為責任も発生
しないのです。仮に使用者に営業的な損害が生じても組合員や労働組合

—134—

に損害賠償を請求することはできないのです。

皆さんもよくご存じの例をあげましょう。プロ野球選手の労働組合がストライキを打ったことがありました。当然、試合はできないわけですから中止となり、球団側には、予定されていた何万人分かの入場料金が入らないという損害が発生しました。でもこのストライキが正当なものであったならば、プロ野球の労働組合にも選手個々人（組合員）にもこの生じた損害を賠償する責任は発生しないのです。

(3) 不利益取り扱いからの保護

争議行為に対しての法的な保護の最後にとりあげるのが、「不利益取り扱いからの保護」ということです。

これは、不当労働行為制度に基づく保護にあたります。

後に詳しくお話ししますが、不当労働行為救済制度とは、憲法で保障された団結権等の実効性を確保するために、労働組合法に定められている制度です。労働組合法第7条では、使用者の労働組合や労働者に対する一定の行為を「不当労働行為」として禁止しています。

該当条文を紹介しましょう。

労働組合法第7条（不当労働行為）

使用者は、次の各号に掲げる行為をしてはならない。

1 ……若しくは労働組合の正当な行為をしたことの故をもつて、その労働者を解雇し、その他これに対して不利益な取扱いをすること……

ここで、「労働組合の正当な行為」とは、ここに関していえば労働者

—135—

が正当な争議行為を行ったことや、労働組合の幹部等がそれらを指導したことを指します。また、「その他これに対して不利益な取扱い」とは、組合員や組合役員を解雇や懲戒処分に処する等のことをいいます。

(4)「正当な」争議行為とは

「争議行為に対しての法的な保護」の項目では、全て「争議行為」の語の前か後ろに「正当な」の語が付されていました。

そうなのです。当たり前のことかもしれませんが、法的な保護（刑事免責、民事免責、不利益取り扱いからの保護）を受けられるのは、「正当な」争議行為に限られるのです。

労働者ないし労働組合は弱者なのだから多少は正当性を欠いても許される、というのはやはりおかしい考え方だと思います。

それでは、何をもって正当というのでしょうか。

正当性の基準は、労働組合法には特に示されていません。また、「正当」という語が抽象的なためそれだけではよく分かりません。そこで本書でもよく用いている以下の３つの基準（主体・目的・態様）を、順に説明していきましょう。

①主体の正当性

まず、争議行為を行う主体に正当性がなければなりません。端的にいえば、団体交渉の主体になりうるものが行う争議行為である必要があります。なぜなら、争議行為は団体交渉をより有利に展開する手段だからです。

次の条文も確認しておくべきでしょう。

労働組合法第5条 （労働組合として設立されたものの取扱）

　労働組合は、労働委員会に証拠を提出して第2条及び第2項の規定に適合することを立証しなければ、この法律に規定する手続に参与する資格を有せず、且つ、この法律に規定する救済を与えられない。……

：

八　同盟罷業は、組合員又は組合員の直接無記名投票により選挙された代議員の直接無記名投票の過半数による決定を経なければ開始しないこと。

　ここでよく引き合いに出されるのが、俗にいう「山猫スト」といわれるものです。

　山猫ストとは英語の wildcat strike の訳で、労働組合の組合員の一部の者達が、組合の正式決定なしに勝手に行うストライキのことをいいます。いってみれば勝手な個人行動なわけです。その「山猫」なるものは法的に団体交渉の主体とはなれないわけですから、争議行為の正当な主体ともなれず、正当性は無いわけです。

　ちなみにイタリアやフランスでは、ストライキ権は個々の労働者の権利と考えられていることから山猫ストも正当性が認められているようです。しかし日本やドイツでは、ストライキは労働組合の権利と考えられているので、山猫ストに正当性は認められないのです。

　同じ労働組合に関する法制でも、お国柄によって違いがあるのです。

なお後日、労働組合の正式の機関が、当該ストと追認しても、違法な争議行為が適法なものになるものではないと考えられています。

　これに対し、組合の支部や分会などの下部組織が、上部組織の承認なしに、あるいはその指示に反して行うストライキは、**非公認スト**と呼ばれます。

　非公認ストの場合は、使用者との関係では下部組織全体の意思に基づいて行われる争議行為であるから、争議行為自体の法的正当性が失われない可能性があると解されているようです。

　但し、労働組合の内部統制違反の問題は残ります。

②目的の正当性

　憲法28条は団体交渉を機能させるための手段として争議権を保障したと考えられることから、労働組合と使用者との間で団体交渉が行われており、それを有利にするための争議行為は正当な目的であると考えられます。いい方を変えれば争議行為の目的が、賃上げといった労働組合の目的に沿う正当なものであることです。

　個々の組合員の処遇、ユニオン・ショップ協定やチェック・オフ協定の締結、団体交渉のルール等も含まれます。

　前にお話ししましたように、労働組合は副次的であれば、政治目的の活動が許されます。それでは、政治的な即ち特定の政治的主張の実現、政府や議会に対する要求等の目的のための争議行為（政治スト）は正当性を持ち得るでしょうか。

経済的政治ストといって労働法改正反対などの労働者の経済的利益に直接かかわるものと、労働条件や労働環境の改善維持に全く関係のない純粋政治ストとを区別して、前者は正当性ありとする考え方も多いのですが、判例は両者とも否定しているようです。

●判例紹介●

三菱重工長崎造船所事件（最判平4．9．25）
（判決の要旨）
　使用者に対する経済的地位の向上の要請とは直接関係のない政治目的のために争議行為を行うことは、憲法28条の保障とは無関係なものと解すべきことは、当裁判所の判例……とするところであり、……

　政治活動が労働組合活動として重要であるとしても、労使間で解決不能な問題で使用者に圧力をかける争議行為を行うことは正当とはいえないので、判例の考え方が妥当であると考えます。「そんなことは、内閣総理大臣か国会議員にいってくれ」というのが、おそらく使用者の本音でしょう。

　また、同情ストといって、自分の使用者に対する固有の要求を実現するためではなく、他の企業の他の組合の労働争議を支援する目的で行われるストライキ等も問題となります。
　労働者の横の連帯が強いヨーロッパ等と比較すると、企業別組合が多い日本では、ほとんど見られないとされています。
　これについては、支援対象の争議で争われている労働条件と同情スト

—139—

を行った労働者の労働条件とが関連性があれば正当性ありとする考えもありますが、政治ストと同様に、使用者との団体交渉で解決不能な事項であり、正当性はないと考えます。即ち、自分（使用者）と貴方（労働組合）が話をして解決する問題じゃないでしょう、ということです。

それでは、いわゆる「経営専権事項」に関係した要求を掲げて行う争議行為はどうでしょう。

ここでも、団体交渉のところでお話ししたことが基本的にあてはまります。「組合員である労働者の労働条件その他の待遇や当該団体的労使関係の運営に関する事項であって、使用者に処分可能なもの」を目的としたものであれば、正当性は肯定されると考えるべきと思われます。そうでなければ、正当性は否定されるものと考えます。

③態様の正当性

　ア）一般的な基準

基本的には、各争議行為の類型ごとに正当性の基準を検討することになります。しかし、あらゆる種類の争議行為に共通する態様の正当性の基準もいくつかありますので最初にお話ししておきましょう。

最初に、労働組合法の次の条文を、但し書き以下に注目して確認してください。

この条文は、刑事免責について書かれたものですが、民事免責や不利益取り扱いについても同様に考えられています。

労働組合法1条（目的）

2　刑法（明治四十年法律第四十五号）第三十五条　の規定は、労働組合の団体交渉その他の行為であって前項に掲げる目的を達成するためにした正当なものについて適用があるものとする。但し、いかなる場合においても、暴力の行使は、労働組合の正当な行為と解釈されてはならない。

「いかなる場合においても、暴力の行使は、労働組合の正当な行為（争議行為）」としての保障は受けられないのです。暴力がいけないなどということはまさに常識の範疇だと思われます。要は「手を出したら負け」というわけです。

　次に、使用者の持っている法的な権利、特に問題になるのは、所有権その他の財産権ですが、争議行為といえどもそれを侵害してはならないことです。たとえストライキを打っている最中でも、会社とか施設は使用者の所有権が及んでいるものであったり、使用者が管理権を有しているものであるからです。

憲法第29条（財産権）

　財産権は、これを侵してはならない。

⋮

　また、態様に関しては、労働関係調整法の次の規定等にも留意が必要です。

> **労働関係調整法第36条**
>
> 　工場事業場における安全保持の施設の正常な維持又は運行を停廃し、又はこれを妨げる行為は、争議行為としてでもこれをなすことはできない。

イ）ストライキ（同盟罷業）

　次に各争議行為の類型ごとに正当性の基準を検討していきましょう。最初はストライキです。争議行為といえばストライキを想定する、といった具合で争議行為の代名詞に使われるような典型的な争議行為の形態です。

　態様は、集団の意思をもって労務の提供を拒否することです。要するに決められた本来なら労働義務を負っている仕事をしないことです。

　ただそれだけの不作為にとどまる態様なら、先ほどの暴力を行使することもないでしょうし、使用者の所有権や施設管理権等といった財産権を侵害することもないと思われますので、原則として正当性は疑われることはありません。期間についても、長期間にわたろうとも、時限ストや波状ストといった短時間のものでも正当です。

　ここで不作為とは、作為の反対語であえて積極的な行為をしないことをいいます。

　この点では、職場占拠の正当性の問題があります。

　職場占拠とは、座り込みストともいわれ、ストライキの際に、組合員を職場から退去させずに逆に使用者の施設内に滞留させ職場を占拠させ

—142—

労務屋の横道 ㉒〜ストライキをやらない労働組合

「ストライキをやらない組合なんて労働組合じゃない」という方々がいます。おそらくは、企業別組合の歴史も実態も全くご存じない方のご意見と思われます。

私自身ストライキの経験はないが、先輩から語り継がれてきたことは記憶しています。ストライキを実施したことで会社が競合他社にシェアを奪われる等、労使ともに得るものが全く無かったどころか失ったものが多かったこと、ストライキを打つたびに労使関係が更に悪化し、その修復のために多くの時間と労力がかかったことなどです。

確かに、ストライキは憲法が労働組合に保障した権利です。でもその権利を行使するかどうかは、労働組合の自由であって義務ではありません。ここは是非とも強調しておきたいところです。良好な労使関係が保たれていれば、スト権行使の必要などないのです。そして、その良好な労使関係維持のために、日々労使の当事者は努力を積み重ねているのです。

日々の情報交換を怠らずに、緊張関係を保ちつつ話し合う中で、お互いの信頼関係を構築していくことで、労使が相互にお互いの置かれている立ち位置を理解するようになります。その繰り返しの歴史が、ストライキを回避する結果になっているのです。

無責任に、ストライキを煽るような言動は厳に慎んでもらいたいと思うのは私だけではないと思われます。

る戦術のことをいいます。企業施設を占拠することによって使用者に業務遂行、とりわけ非組合員が代わりに仕事をすることを防止することをねらいとし、あわせて組合員の結束を強めて、しかも外部からの切りくずしの防止をはかる等の目的で行われます。

ここでは使用者の施設管理権との関連が問題となるのです。

この点については、労働者が労務の提供を拒否する以上、企業施設を占有する正当な理由が見いだせないことから、使用者から立ち退きを求められた後の占有は違法であるとの考え方もあります。しかし企業別組合が多い我が国の実情から職場占拠が使用者の占有を完全に排除してしまわない部分的な占拠で、使用者が操業することや施設管理をすることを認める程度の場合は正当性があり、これが全面的、排他的である場合は正当性を失うと考えられます（限定的合法説といいます）。

最後に、指名ストの正当性も問題となります。

指名ストとは労働組合が、一人ないしごく少数の者を指名して、指名した者のみにストライキを行わせることです。例えば、配転の命令を受けた組合員が、それを拒否してストライキに入るのです。

このような指名ストは一定の要求実現の手段としてではなくそれを直接実現するものとして争議権の濫用だとの主張もあるようですが、配転先で仕事に就くことを拒否するという労務の不提供の態様にとどまっている限りは正当性が認められると考えます。

しかし、元の勤務先での仕事を強行する態様のものは、正当性が無いと解されます。地裁の判例ですが次のものがあります。

●判例紹介●

新興サービス事件（東京地判昭62.5.26）

（判決の要旨）

　組合が使用者の従業員に対する配転命令を不当として争議行為を実施するに際し、争議手段として配転対象者の労務不提供という手段を選択し、当該従業員がこの指令に従い配転命令を拒否して新勤務に従事しないという争議行為に出でたときは、当該争議行為は、労務不提供にとどまる限り、正当性を有するものと解すべきである……

ウ）スローダウン（怠業）

　スローダウン（怠業）とは、労働者が集団的に、一応仕事に就きながら意識的に通常より作業の能率を落としたり、作業速度を遅くさせたりすることで業務阻害をもたらすことです。つまり仕事の能率をわざと落とす、即ち不完全な労務提供をする争議戦術のことです。一応労務が提供されている点で、ストライキと区別されます。

　このような単に作業能率を低下させるだけの消極的怠業にとどまる限りは、正当な争議行為と認められます。

　しかし、故意に不良品を生産したり、生産設備や製品の破壊等、積極的な手段によるものは、もはや正当性は認められません。

エ）順法闘争

　一般論として順法闘争とは、労働基準法や労働安全衛生法等の諸法

—145—

令、労働協約や就業規則、あるいは労働契約等の諸規範を厳格に守ることを要求実現の手段として利用する労働者の集団行動をいいます。

これは特に鉄道関係の労働組合が用いる争議形態です。列車の安全運転に関する規定を厳格に守ることによって列車を遅延させ、運行を混乱させる争議行為です。そのことによってストライキと同じ効果（使用者に圧力をかける）をあげようとするものです。

実施する労働組合側の主張は、法律を厳格に守って何が悪いということになります。特に日本ではストライキ権を剥奪されている官公労働者によって積極的に用いられてきました。

オ）ピケッティング

少し硬い表現になりますがピケッティングとは、ストライキが行われている事業所等に労働者の見張りを置き、スト破りのための雇入れ阻止、組合員のストライキからの脱落の防止、他の労働者へのストライキ参加の呼びかけ、顧客ら第三者へのストライキのアピール等をする行為のことです。

どの程度の態様までが正当性があるとされるのでしょうか。次の判例がありますので紹介します。

同盟罷業（ストライキ）の「本質」は、「労働者が団結してその持つ労働力を使用者に利用させないこと」にあると考えられます。ですからストライキにともなうピケッティングについても、同盟罷業の本質に基づく限界があると考えられています。これが「平和的説得論」といわれるものです。

ある程度の実力行使も許されるとする考え方もありますが、判例は、一貫して基本的には説得の範囲即ち言論による、いわば「平和的説得」しかできないといっているのだと理解されています。

●判例紹介●

御国ハイヤー事件（最判平4.10.2）

（判決の概要）

……労働者側が、ストライキの期間中、非組合員等による営業用自動車の運行を阻止するために、説得活動の範囲を超えて、当該自動車等を労働者側の排他的占領下に置いてしまうなどの行為をすることは許されず、右のような自動車運行阻止の行為を正当な争議行為とすることできない……

●判例紹介●

三友炭鉱事件（最判昭31.12.11）

（判決の要旨）

（ストライキから脱落して業務に従事しようとする組合員に対して）……口頭又は文書による平和的説得の方法で就業中止を要求し得ることはいうまでもないが、これらの者に対して暴行、脅迫もしくは威力をもって就業を中止させることは、一般的に違法である……

カ）ボイコット

　典型的なボイコットとは組合がストライキを補強する手段として、自社製品の購買を控えるように組合員または顧客や公衆に訴え、使用者に経済的打撃を与え、自らの団体目的達成を目指す行為です。「不買運動」ともいいます。

　原則的には、暴行脅迫や虚偽の誹謗中傷等が無い限り正当な争議行為と考えますが、労働契約上の誠実義務との関係で、ストライキを維持、強化するための補助手段として行う場合のみ正当性を有すると考えます。

　但し、使用者の取引先等の製品などの不買を訴える場合は、一般的に正当性は否定されると考えます。

キ）生産管理

　生産管理とは、労働者が使用者の指揮・命令を拒否して職場を占拠し、工場施設・資材などを把握して労働組合が自らの手で生産を管理し経営を続行することで、戦後間もないころによくみられた戦術です。

　判例は正当ではないと否定します。

●判例紹介●

山田鋼業所事件（最判昭25.11.15）
（判決の要旨）
　……固より使用者側の自由権や財産権と雖も絶対無制限ではなく、労働者の団体行動権等のためある程度の制限を受けるのは当然であるが、……使用者側の自由意思を抑圧し、財産に対する支配を阻止することは、許さるべきでないと認められる。それは労働者側の争議権を偏重して使用者側の権利を不当に侵害し、法が求める調和を破るものだからである。
　……企業の経営、生産行程の指揮命令は、資本家又はその代理人たる経営担当者の権限に属する。
　……労働者側が企業者側の私有財産の基幹を揺るがすような争議行為は許されない……

ク）その他

　使用者側の人物の私宅に押しかけて、路上等で大声をはりあげてシュプレヒコール等をするなどの行為も、争議行為としての正当性を失います。

　地裁の判例ですが、以下のようなものがあります。

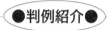

教育社事件（東京地判平25.2.6）
（判決の要旨）
　一般的に、労使関係の場で生じた問題は、労使関係の領域である職場領域内で解決すべきものであって、企業経営者といえども、個人として、住居の平穏や地域社会ないし私生活の領域における名誉・信用が保護、尊重されるべきである……したがって、労働組合の活動が企業経営者の私生活の領域において行われた場合には、当該活動は労働組合の活動であることの故をもって正当化されるものではなく、それが、企業経営者の住居の平穏や地域社会……における名誉・信用という具体的な法益を侵害しないものである限りにおいて、表現の自由の行使として相当性を有し、容認されることがあるにとどまる……

労務屋の横道 ㉓〜イデオロギーか生活か

　もう数十年前にかかわった会社の話です。もう時効にかかるような内容です。

　その会社の労使関係は、まだ血気盛んであった若い時の私の目にも相当荒れていると感じられました。夏季一時金の交渉を、世間では冬季の一時金の交渉が始まる時点でも続けているのです。その交渉は何十回も続けられたのです。その間にストライキも行われました。

　長く闘争が続く間に、組合内部も二派に分かれていきました。当時の組合指導部の主張の裏には、イデオロギーが支配している匂いがしていたと私には思えてなりませんでした。

　ストライキを行うものですから、取引先からは納期や品質に関する不安から発注を手控えるところが増えて、当然会社の業績は悪化していきます。そのうちに組合指導部に反対する者のなかから、「毎日まじめに仕事がしたい。夏季の一時金の時には夏季の一時金が世間並みに支給されるような普通の生活をしたい」という意見が出始めて来たのです。そして遂には、その声を代表する者が組合の委員長になりました。

　その後は、従業員に夏は夏季の一時金が、冬には冬季の一時金が世間並みに支給される生活に入り、今日までその状態は続いているといいます。事実のみ書かせていただきました。

④手続きの正当性

　これまでにお話ししてきたことから、お分かりのように、争議行為というのは、あくまで団体交渉を労働組合にとって有利に展開する目的のために認められる手段となる行為です。まちがっても争議行為自体が目的ではありません。「ストライキをしない労働組合は労働組合ではない」という意見を耳にすることがありますが、あきらかに間違いです。

　このことからいって、この目的にそぐわない争議行為は正当性を持たないわけです。ですから、労働組合が団体交渉を申し込んでもいないうちに、いきなり使用者に争議行為を通告することや、使用者に要求を提出するや回答を待たずに争議行為を行うことは、原則として正当性が無いと解されます（原則といったのは、使用者の方が、団体交渉を拒否している場合などが例外として考えられるからです）。

　そのほか使用者が労働組合の提出した要求を拒否した場合等のことがあって、初めて労働組合は争議行為に訴えることができるのです。

　予告なしの争議行為はどうでしょう。公益事業の場合、次の規定があります。

労働関係調整法第37条

　公益事業に関する事件につき関係当事者が争議行為をするには、その争議行為をしようとする日の少なくとも十日前までに、労働委員会及び厚生労働大臣又は都道府県知事にその旨を通知しなければならない。

　公益事業以外では、法律上、争議行為の通知義務はありません。

労務屋の横道 ㉔～労使の自治

　本文の中で、労働協約の債務的部分に関する条項で無効になる
ものとして以下のような見解を示してきました。

　1つは、「第三者交渉委任禁止約款」は対抗関係にある使用者
との協約によって制約することは、憲法28条の保障する団体交渉
権に対する不当な制限であり無効と解する説であり、もう1つは
絶対的平和義務については、憲法上保障された争議権を奪うので
無効との見解です。

　両者とも多数説であると紹介されている場合が多いのですが、
私は、稚拙かも知れませんが「労使の自治」を最大限尊重する立
場から両者とも有効であると考えます。

　無効説の背景には、使用者に対して労働組合が弱い場合、この
ような条項を使用者から押し付けられるのではないかとの危惧が
働いているような気がします。確かに、個々の労働者は使用者に
対して弱い立場にあるというのは労働法の大前提ですから、十分
理解はしています。

　しかしながら、労使対等は労働組合法の理想とするところだと
思います。労働組合は色々な意味で強くなければなりません。

　名実的に、労使対等を実現するためには、労使が話し合って決
めたことは最大限尊重されることが必要だと思われます。こうし
た労働組合に対する後見的発想は、必ずしも労働組合への応援歌
にはならないような気がしてなりません。

—153—

しかし、争議行為の開始にあたって、開始日時、争議行為の態様等について予告を行うことは、一定期間を置くことにより争議の未然防止と早期解決を図る、という端的にいえば頭を冷やして考えるという意義があります。

つまり双方が頭を冷やして考えるということです。

そのような理由から争議行為を実行に移す前に、労働組合としては使用者に予告しなければならないと、労働協約に書かれている場合やそれが労使の慣行として認められる場合があります。

そのような場合は、労働組合が使用者に予告しないで、抜き打ちで争議行為を行った場合にも予告義務を怠ったということで原則的にこの手続きの正当性を欠いたものと考えるべきでしょう。

平和条項といわれるものがあります。この後説明する平和義務とは言葉が似ているので間違えないでください。

平和条項とは、労使間で紛争が生じた場合もいきなり争議行為に訴えるのではなくその前にしなければならない手続きを尽くすことを定めた労働協約の条項のことです。争議行為に入る場合は事前に労働委員会の調停・あっせんにかけることなどと定めて争議行為を回避する手順を定めた労働協約の条項のことです。次に説明する平和義務と違い、平和条項は争議行為そのものを禁止するものではありません。

この条項に違反した争議行為に対しては、使用者は労働組合に、債務不履行として適正手続違反による損害賠償を問えますし、争議行為の正当性も否定される可能性もあるでしょう。

—154—

次に、平和義務違反の争議行為も問題となります。

　後に説明する労働協約を締結する意義は、労働条件の維持改善は当然のことですが、これによって労使間の安定を図るということが重要なことです。労働協約を締結すると、労使双方は労働協約の内容についてみだりに争うことはできません。

　平和義務とは、労働協約の有効期間中は争議行為をしないという義務のことで、相対的平和義務と絶対的平和義務の２種類があります。

　平和義務は労使双方に及ぶことが原則ですが、使用者の争議行為（ロックアウト）はもともと狭く限定されていることから、通常は労働組合側の争議行為の制約となります。

　前者の相対的平和義務とは、そこで定められた事項について改廃を求めて争議行為をしないことです。これは、労働協約に規定されていない事項に関して争議行為を行うことまでも禁止されるということではありません。後者の絶対的平和義務とは協約に定められているかいないかにかかわらず、労働協約の有効期間中はあらゆる事項について一切の争議行為を行ってはならないという義務をいいます。

　後者の絶対的平和義務については、協約化されていない事項についてまで憲法上保障された争議権を奪うので無効との見解が多数かもしれませんが、労使の当事者の明確な意思に基づいているものなら、労使の自治の尊重の一環として有効と考えます。労使の自治は極力尊重されるべきものと考えます。

　なお、労働協約の有効期間中でも、次の協約の改定交渉が始まれば、そのことに関して行われる争議行為は、平和義務には反しないと解されます。実際、平和義務違反があった場合、使用者は労働組合に対し、協

約違反の債務不履行責任を問うことは可能です。更に、それに加えて争議行為としての正当性がどうなるかが問題となり、この点については、次の判例があります。

●判例紹介●

弘南バス事件（最判昭43.12.24）
（判決の要旨）
　平和義務に違反する争議行為は、その平和義務が労働協約に内在するいわゆる相対的平和義務である場合においても、また、いわゆる絶対的平和義務条項に基づく平和義務である場合においても……これに違反する争議行為は、たんなる契約上の債務の不履行であって、これをもつて、企業秩序の侵犯にあたるとすることはできず、また、個々の組合員がかかる争議行為に参加することも、労働契約上の債務不履行にすぎないものと解するのが相当である……

3．使用者側の対応

(1)　使用者の操業継続の自由

　使用者は、ストライキの期間中でも操業を継続するための対抗措置をとることができると解されます。具体的には、ストライキに参加していない従業員や管理職の就業によって操業を継続することや、代わりの労働者を雇い入れて操業を継続することも可能です。

　判例には、次のものがあります。

—156—

```
●判例紹介●
```

山陽電気軌道事件（最決昭53. 11. 15）

（判決の要旨）

　使用者は、労働者の正当な争議行為によって業務の正常な運営が阻害されることは受忍しなければならないが、ストライキ中であっても業務の遂行自体を停止しなければならないものではなく、操業阻止を目的とする労働者側の争議手段に対しては操業を継続するために必要とする対抗措置をとることができる……

　ただし、次のような規定もあることにご留意ください。

　なお、この規定は労働者派遣にも準用されています（派遣法24条）。

職業安定法第20条（労働争議に対する不介入）

　公共職業安定所は、労働争議に対する中立の立場を維持するため、同盟罷業又は作業所閉鎖の行われている事業所に、求職者を紹介してはならない。

2　前項に規定する場合の外、労働委員会が公共職業安定所に対し、事業所において、同盟罷業又は作業所閉鎖に至る虞の多い争議が発生していること及び求職者を無制限に紹介することによって、当該争議の解決が妨げられることを通報した場合においては、公共職業安定所は当該事業所に対し、求職者を紹介してはならない。但し、当該争議の発生前、通常使用されていた労働者の員数を維持するため必要な限度まで労働者を紹介する場合は、この限りでない。

(2) ロックアウト

　争議行為は、原則として労働組合側が行うものですが、それに対抗する手段として、使用者側にも争議行為が認められるでしょうか。この点については現行法上、特段の定めが置かれていないため問題となります。

　具体的には、ロックアウトが認められるかどうかが問題となります。

　ここで、ロックアウトとは、工場閉鎖、作業所閉鎖ともいい労働組合のストライキに対抗する圧力手段として、使用者が工場、作業所を閉鎖して労働者をそこから締め出してしまうことです。労務の受領を集団的に拒否してしまうのです。

　判例は、次のように述べています。

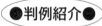

安威川生コンクリート工業事件（最判平18.4.18）
（判決の要旨）

　個々の具体的な労働争議の場において、労働者の争議行為により使用者側が著しく不利な圧力を受けることになるような場合には、衡平の原則に照らし、労使間の勢力の均衡を回復するための対抗防衛手段として相当性を認められる限りにおいては、使用者の争議行為も正当なものとして是認されると解すべきであり、使用者のロックアウトが正当な争議行為として是認されるかどうかも、……個々の具体的な労働争議における労使間の交渉態度、経過、組合側の争議行為の態様、それによって使用者側の受ける打撃の程度等に関する具体的諸事情に

照らし、衡平の見地からみて労働者側の争議行為に対する対抗防衛手段として相当と認められるかどうかによってこれを決すべきである。

ロックアウトの正当性については、それが認められる理由などから、労働者の争議行為に対抗する防御的なものであることが必要であり、著しく不利な圧力を受けた使用者が行う受動的・防御的ロックアウトのみが正当と解されています。

したがって、労働組合の業務阻害行為に先んじて行われる「先制的ロックアウト」や、使用者の主張を受け入れさせるために行われる「攻撃的ロックアウト」は正当性が認められません。

問題は、労務の受領を拒否した使用者が、労働者に対する賃金支払義務を免れるかです。

判例はロックアウトに正当性があれば、法的効果として、使用者は賃金支払い義務を免れると解しています。

●**判例紹介**●

丸島水門製作所事件（最判昭50．4．25）
（判決の要旨）
（ロックアウトが）このような相当性を認めうる場合には、使用者は、正当な争議行為をしたものとして、右ロックアウト期間中における対象労働者に対する個別的労働契約上の賃金支払義務を免れるものといわなければならない……

また、次のような判例もあります。

●判例紹介●

第一小型ハイヤー事件（最判昭52. 2. 28）

（判決の要旨）

　ロックアウトの相当性の要件は、その開始の際必要であるのみならず、これを継続するについても必要である……正当なロックアウトに労働組合が屈服して争議行為を中止し、就労を申し入れた場合、その時点でロックアウトの正当性は失わせるため、それ以降のロックアウト継続はできない……

4．争議行為中の賃金

　労働契約法の次の条文の確認からはじめましょう。

労働契約法第6条（労働契約の成立）

　労働契約は、労働者が使用者に使用されて労働し、使用者がこれに対して賃金を支払うことについて、労働者及び使用者が合意することによって成立する。

　そうなのです。労働者の労働の提供と使用者の賃金支払いは対価の関係に立つのです。ここで対価とは他人に財産・労力などを提供した報酬として受け取る財産上の利益のことをいいます。つまり原則として仕事をして、はじめて賃金を請求できるのです。

労働者がストライキに参加するということは、仕事をしないことを意味するのですから、その対価である賃金はもらえないのは当然といえば当然のことです。このことを称して、ノーワーク・ノーペイの原則といいます。

正当な争議行為として、民事免責や不利益取扱いからの保護は受けます。ですが働いたことになるわけではありませんから、賃金請求権まで発生するわけではないのです。

逆に争議行為のために労務を提供しなかった時間に対して賃金を支給することは、労働組合に対する経費援助になるため、不当労働行為になると解されます。

ただし、昇給の要件である出勤率の計算について次のような判例もありますので注意が必要です。

●判例紹介●

日本シェーリング事件（最判平1.12.14）
（判決の要旨）
　すべての原因による不就労を基礎として算出した前年の稼働率が、八〇パーセント以下の従業員を翌年度のベースアップを含む賃金引上げの対象者から除外する旨の労働協約条項は、そのうち労働基準法又は労働組合法上の権利に基づくもの以外の不就労を稼働率算定の基礎とする部分は有効であるが、右各権利に基づく不就労を稼働率算定の基礎とする部分は公序に反し無効である……

それでは、ノーワーク・ノーペイですから賃金の全部をもらえないのでしょうか。理屈の上では、ノーワーク・ノーペイの原則でよいのですが、実際の場面では各種手当の存在などもあり具体的には議論の対象となるのです。

　これについては、「賃金二分論」という考え方があります。

　これは、日々の具体的な労務の提供に対して支払われる部分（これを交換的部分といいます）は賃金カットの対象になっても、従業員たる地位そのものに対して支払われる部分（これを生活保障的部分といいます）、具体的には住宅手当や家族手当等は労務の提供とは直接関係がない手当なのだから支払うべきであるという考え方です。

　確かに、ストライキ中でも家は借りますし（住宅手当）、家族を養わなくなるわけでもない（家族手当）ので、一見説得力がありそうな考え方のようにも思われます。判例の見解はどうでしょう。

●判例紹介●

三菱重工長崎造船所事件（最判昭56. 9. 18）

（判決の要旨）

　ストライキ期間中の賃金削減の対象となる部分の存否及びその部分と賃金削減の対象とならない部分の区別は、当該労働協約の定め又は労働慣行の趣旨に照らし個別的に判断するのを相当とし、……いわゆる抽象的一般的賃金二分論を前提とする……の主張は、その前提を欠き失当である……

なお行政解釈は、次のとおりで従来から賃金二分論とは反対の立場を
とっています。

旧労働省通達　昭和24. 8. 18　基発第898号

　一般の賃金と同じく家族手当についても、その支給条件の如何にか
かわらず争議行為の結果契約の本旨に従った労働の提供のなかった限
度において支払わなくても法第24条の違反とはならない。

　ここでの法24条とは、労働基準法24条のことです。

労働基準法第24条（賃金の支払）

　賃金は、通貨で、直接労働者に、その全額を支払わなければならな
い。……

　サボタージュ（怠業）の場合はどうでしょうか。

　この場合には、不完全ではありますが労務提供はなされています。

　怠業は争議行為である以上、そもそも賃金請求権は発生しないという
考えもありますが、出来高給とか歩合給の場合を除いて、労務の不完全
さの度合いに応じ削減された賃金請求権しか発生しないと解されます。
しかし、実際問題としてその間の賃金額の算定は難しいものになるだろ
うと思われます。

　また、争議行為として、出張、外勤命令を拒否して内勤業務に従事し
た場合について次の判例があります。

—163—

●**判例紹介**●

水道機工事件（最判昭60. 3. 7）

（判決の要旨）

　……本件業務命令は、組合の争議行為を否定するような性質のものではないし、従来の慣行を無視したものとして信義則に反するというものでもなく、（労働者）が、本件業務命令によって指定された時間、その指定された出張・外勤業務に従事せず内勤業務に従事したことは、債務の本旨に従った労務の提供をしたものとはいえず、また、（使用者）は、本件業務命令を事前に発したことにより、その指定した時間については出張・外勤以外の労務の受領をあらかじめ拒否したものと解すべきであるから、（労働者）が提供した内勤業務についての労務を受領したものとはいえず、したがって（使用者）は（労働者）に対し右の時間に対応する賃金の支払い義務を負うものではない……

---

5. 争議行為不参加の者の賃金

　自分は争議行為に参加していなくても、他人がストライキを行った結果、自分のなすべき業務がなくなり就労の意思と能力があるにもかかわらず労働の義務が果たせないことがあります。この場合その者の賃金請求権はどうなるかという問題があります。

　製造業での流れ作業等を想定すれば、分かりやすいと思います。流れの一部が止まると他もその影響を受けて仕事ができなくなるのです。

これに関しては、部分ストとか一部ストという言葉があります。

部分ストというのは、自分の入っている組合の他の組合員がストライキに入った場合に、スト要員以外の組合員が自分の仕事ができなくなった場合です。

一部ストというのは、自分が入ってない組合がストライキに入った場合に、自分の仕事ができなくなった場合です。他の組合員の場合と非組合員の場合があります。少し、ややこしい感じがします。

部分ストでは、スト参加者と不参加者との間に同一組合という連帯関係がありますが、一部ストの場合にはそれが無いという点が違います。

判例をあげておきましょう。これは部分ストの事例です。

●判例紹介●

ノースウエスト航空事件（最判昭62. 7. 17）

（判決の要旨）

　……団体交渉の決裂の結果ストライキに突入しても、そのことは、一般に使用者に帰責さるべきものということはできない……

　使用者が不当労働行為の意思その他不当な目的をもってことさらストライキを行わしめた等の特別の事情も無い限り……（民法536条2項適用の場合にはあたらず、当該不参加労働者は賃金請求権を失う。）……今回のストライキは、……の所属する労働組合が自らの主体的判断とその責任に基づいて行ったものとみるべきであって、使用者側に起因する経営、管理上の障害によるものということはできないから

（休業手当請求権も認められない。）……

　なお、一部ストには、部分ストの場合がストライキ参加者と一体性が
あるのと違い、労働基準法26条の休業手当請求権は発生する場合がある
だろうと考えます。

労働基準法第26条（休業手当）
　使用者の責に帰すべき事由による休業の場合においては、使用者
は、休業期間中当該労働者に、その平均賃金の百分の六十以上の手当
を支払わなければならない。

　一部ストに関して地裁のものですが、次の判決があります。

●判例紹介●

明星電気事件（前橋地判昭38. 11. 14）
（判決の要旨）
　……第一組合のスト期間中労働基準法第二六条の「休業」に該当し
たことは明らかである。……一企業の内部に起った経済ストに起因す
るものであるから、一般に企業の内面における経済政策上の事由をも
って不可抗力となし得ないと同様に、会社は不可抗力を主張しえない
というべきである。従って、被告会社は原告らに対し本件スト期間中
の休業手当を支払うべき義務があるわけである……

原状復帰までの作業停止時間については、行政解釈として次の通達があります。

旧労働省通達　昭和28. 10. 13　基収第3427号

　ストライキ解決後、操業を再開する場合において、作業工程が長工程の流れ作業であるため、通常経営者としてなし得る最善の措置を講じても、なお労働者を一斉に就業させることが困難であり、作業工程に応じて就業に時間的な差を生ずることが、客観的にやむを得ないと認められるものについては、そのやむを得ない限度において、一部労働者を休業させることは、労働基準法第26条の使用者の責に帰すべき事由による休業には該当しない。

---

6. 組合活動

　組合活動権は、団体行動から争議行為を除く諸々の組合活動（除く団体交渉）をする権利です。<u>組合活動も、争議行為とともに、憲法28条の団体行動権の保障の対象</u>となります。

　前にお話ししたように組合活動の方は、具体的には労働組合が行う、組合集会、ビラ配布・貼付等様々な活動をいいます。要求貫徹のために使用者に圧力をかける争議行為と違って、使用者の業務の正常な運営を阻害しないような態様で行うことが基本となります。

(1)　組合活動の法的保護

　再び、次の条文を確認しましょう。

—167—

労働組合法1条（目的）

　　　　　　　　　　：

2　刑法（明治四十年法律第四十五号）第三十五条　の規定は、労働
　組合の団体交渉その他の行為であって前項に掲げる目的を達成する
　ためにした正当なものについて適用があるものとする。但し、……

労働組合法第7条（不当労働行為）

　使用者は、次の各号に掲げる行為をしてはならない。

1　……若しくは労働組合の正当な行為をしたことの故をもつて、そ
　の労働者を解雇し、その他これに対して不利益な取扱いをすること
　……

　この2つの条文から、正当な組合活動についても、刑事免責と不利益
取り扱いの保護が及ぶことが分かります。

　それでは、民事免責はどうでしょう。条文を確認しましょう。

労働組合法第8条（損害賠償）

　使用者は、同盟罷業その他の争議行為であって正当なものによって
損害を受けたことの故をもって、労働組合又はその組合員に対し賠償
を請求することができない。

　条文上は、争議行為についてだけ触れてあって、組合活動について民
事免責が及ぶかどうかは明らかでありません。というよりも、民事免責
は認められないと読むほうが条文上は素直なようにも思えます。

—168—

しかしながら、そもそも労働組合法を待つまでもなく憲法28条を根拠に民事免責は組合活動にも及ぶと解するのが多くの考え方のようです。

　そもそも民事免責とは「損害を受けたことの故をもって、労働組合又はその組合員に対し賠償を請求することができない。」ということで、損害が発生することが前提になっています。

　その点で組合活動は、争議行為と違って労務提供の義務を正常に履行した上で、しかも業務を阻害してはならないのです。ですから、正当なものである限り、組合活動からは原則損害は使用者に発生しないとも考えられます。

(2)　正当な組合活動とは

　組合活動の正当性の基準は、事柄の性格上争議行為のそれとは違ってきます。というのも、争議行為は非常時に行われますが、組合活動の方は、平常時に行われるからです。いずれにしても使用者は、労働組合の活動のすべてを受け入れる義務はありません。

　争議行為と同様の視点から見ていきましょう。

①主体の正当性

　争議行為と違って、組合内の少数派の活動でも正当性は失われません。例えば、現執行部に批判的な意見を持っている組合内では少数派に属する組合員が、次期組合役員選挙のために現執行部の方針と反対の意見を主張することは、むしろ組合の民主的運営にも資するものとして原則自由です。

　しかしながら、労働組合も組織ですから、その具体的決定事項に反す

—169—

るような行動は、使用者との関係でも正当性を失うでしょう。例えば、組合が団体交渉を遂行しているのにそれを無視して別途団体交渉の要求をしたり、組織としての労働組合がある一定額の一時金で妥結しているのに、それに反対の少数派が使用者の再考をせまるビラ配布を行うようなことは、正当性を失い、組合活動としての保護を受けないと考えるべきでしょう。

②目的の正当性

法の保護を受ける組合活動は、争議行為と違って、団体交渉に関連した活動に限定されません。その他の活動、例えば組合が副次的に目的とすることができる政治活動、社会活動も対象になると考えられます。

争議行為では、判例は政治目的の争議行為について正当性は否定していました。

ところが、労働組合は副次的には政治活動や社会活動も目的の範囲内にできるわけですから、組合活動が目的の正当性の故に制限を受けることはほとんどありません。例えば、政府の経済政策や労働政策について、反対の意思を表明してキャンペーンを張るといった行為は、争議行為に至らなければ、正当性は失われません。

③手続の正当性

特に使用者に予告なしに組合活動を行ったとして、正当性は失われることはありません。というより、組合活動は多岐にわたるので、いちいち予告を要するとしたら組合活動は成り立たないと思われます。

—170—

④態様の正当性

　以上と違い、組合活動の態様の正当性に関しては、種々の制約が考えられます。まず組合活動は、争議行為と違って平常時の活動ですから、「業務の正常な運営を阻害しない」ことが絶対要件となります。

　例えば、企業施設を使えば、使用者の施設管理権等に抵触することもありえます。また、就業期間中の組合活動は、雇用されている者としての労務の提供義務との関連で問題が生じます。

　つまり労働協約や労使の慣行で認められているような場合は除き、使用者の利益を侵害するような行為は、争議行為として行うべきであり、組合活動は、原則として就業時間外に、事業場外で、業務に支障を生じさせない態様で行うというのが原則であるというべきでしょう。即ち、労働する義務や職務に専念する義務を守りながら行わなければならないのです。

　加えて、たとえ就業時間外、事業場外での活動であっても、誠実義務違反にあたるような場合は正当性が認められません。

　以下、問題となる個別の態様について説明していきましょう。

ア）リボン闘争

　リボン闘争や服装闘争等といわれる態様が問題となります。

　これは、労働組合員が就業時間中に「要求貫徹」等と書かれたリボンや鉢巻、腕章等を着けたままで仕事をすることです。

　この点についての判例は次のようなものがあります。判例の基本的な立場といえるでしょう。

—171—

●判例紹介●

大成観光事件（最判昭57.4.13）

（判決の要旨）

　本件リボン闘争は、主として、結成後３カ月の……組合内部における組合員間の連帯感ないし仲間意識の昂揚、団結強化への士気の鼓舞という効果を重視し、同組合自身の体造りをすることを目的として実施されたものである……本件リボン闘争は、就業時間中に行われた組合活動であって……組合の正当な行為にあたらない……

　判例の傾向は、組合活動は原則として就業時間外に行われるべきであるという前提をおいて、就業時間中は労働者には「職務専念義務」というものがあり、たとえ仕事上現実的な支障がなくても注意力のすべてが仕事に集中していないなら、その義務に反するといっているように思われます。

　しかし、この判決には伊藤裁判官という方の補足意見というのがあるので紹介しておきましょう。

「労働者の職務専念義務を厳しく考えて、労働者は、肉体的であると精神的であるとを問わず、すべての活動力を職務に集中し、就業時間中職務以外のことに一切注意力をむけてはならないとすれば、労働者は、少なくとも就業時間中は使用者に全人格的に従属することになる。職務専念義務といわれるものも、労働者が労働契約に基づきその職務を誠実に履行しなければならないという義務であって、この義務と何ら支障なく

両立し、使用者の業務を具体的に阻害することのない行動は、必ずしも
職務専念義務に違背するものではない」

　この意見に賛成する見解も多いことも付け加えておきましょう。

　但し、この補足意見でも、リボン着用は接客業というホテルの業務に
具体的な支障を及ぼしたとして、正当性を否定しております。ホテルの
従業員といった接客業に従事する労働者の場合は、やはり業務にあたえ
る影響を無視することはできないように思われます。

イ）ビラ貼り

　日本の組合の多くが企業別組合であることを考えると、企業施設への
いわゆるビラ貼りは日本では起こりがちな問題です。なぜなら、労働組
合が日常的に情報収集と宣伝活動をおこなうには、労働者が必然的に集
まる職場が最も効果的であるからです。

　しかしながら、使用者に無許可で組合掲示板以外の箇所にビラを貼る
ことは、使用者の所有権とか施設管理権といった権利と衝突することに
なります。

　次のように刑法の観点からは、器物損壊罪の構成要件にも該当しうる
といえます。

> 刑法第261条（器物損壊等）
> 　……他人の物を損壊し、又は傷害した者は、三年以下の懲役又は
> 三十万円以下の罰金若しくは科料に処する。

　判例も、この態様には厳しい判断でのぞんでいるといえるでしょう。

●判例紹介●

国労札幌運転区事件（最判昭54. 10. 30）

（判決の要旨）

　労働組合による企業の物的施設の利用は、本来、使用者との団体交渉による合意に基づいて行われるべきもの……であって、利用の必要性が大きいことのゆえに、労働組合またはその組合員において企業の物的施設を組合活動のために利用しうる権限を取得し、また、使用者において……利用を受忍しなければならない義務を負うとすべき理由は無い……。……これらの者に対しその利用をゆるさないことが……使用者が有する権利の濫用であると認められるような特段の事情がある場合を除いては、……企業秩序を乱すものであって、正当な組合活動として許容されるところであるということはできない……

ウ）ビラ配り

　組合活動としてのビラ配りは、配布の態様とビラの内容という2つの観点から問題となります。

　最初は配布の態様に関してです。配布の態様ということでは、企業施設内でのビラ配布は、使用者の不許可のもとで行えば、厳密にいえば使用者の施設管理権とぶつかることになります。就業規則等で禁止ないし許可制をとっており違反した者には懲戒処分を規定している企業も多いと思います。

　判例を見ていきましょう。

●判例紹介●

倉田学園事件（最判平6.12.20）

（判決の要旨）

　本件ビラ配布は、許可を得ないで行われたものであるから、形式的には就業規則の禁止事項に該当する。しかしながら、右規定は……学校内の職場規律の維持及び生徒に対する教育的配慮を目的としたものと解されるから、ビラの配布が形式的にはこれに違反するように見える場合でも、ビラの内容、ビラの配布の態様に照らして、その配布が学校内の職場規律を乱すおそれがなく、また、生徒に対する教育的配慮に欠けることとなるおそれのない特別の事情が認められるときは、実質的には右規程の違反になるとはいえず、したがって、これを理由として就業規則所定の懲戒処分をすることは許されないというべきである……

　判例も、ビラ貼りのような厳しい判断はしていないようです。別のいい方をすれば、施設の所有権との抵触の程度も低いので、特別の事情をより広く解しているとも考えられます。

　仕事に具体的支障が無い態様（時間外や休憩時間）で平穏に行われるものは正当性がある、ということでしょう。

　次はビラの内容の問題です。ビラの内容が事実と相違し、使用者を誹謗中傷するようなものである場合は、誠実義務違反として正当性も認められにくくなると思われます。

—175—

ビラ配布については、ビラ貼りより、具体的状況に応じて判断すべきということでしょう。

但し、次のような判例にも留意すべきと思われます。

●判例紹介●

中国電力事件（最判平成4.3.3）
（判決の要旨）

　労働者が就業時間外に職場外でしたビラの配布行為であっても、ビラの内容が企業の経営政策や業務等に関し事実に反する記載をし、または事実を誇張、わい曲して記載したものであり、その配布によって企業の円滑な運営に支障を来すおそれがあるなどの場合には、使用者は、企業秩序の維持確保のために、右ビラの配布行為を理由として労働者に懲戒を課することが許されるものと解するのが相当である……ビラの配布行為を懲戒対象とすることは違憲であるとの主張については、本件ビラの配布を理由として懲戒を課することは公序良俗に違反するとして原判決の法令違背をいうに帰するところ、右懲戒権の行使は、……らの表現の自由を不当に侵害するものとはいえず、また、……らの思想、信条自体を規制しようとするものでもないから、公序良俗に反するものではない。

　ビラの記載内容が事実と相違していて、使用者を誹謗中傷するような場合は正当性を失うことがあるということです。

—176—

第5章　労働協約

1．労働協約とは
2．規範的効力
3．労働協約の要式性
4．有利性原則
5．協約自治とその限界
6．就業規則との優劣
7．規範的効力の及ぶ範囲
8．債務的効力
9．労働協約の規範的部分と
　　債務的部分
10．労働協約による労働条件の
　　不利益変更
11．就業規則による労働条件の
　　不利益変更
12．労働条件の不利益変更
　　（労働協約と就業規則）
13．労働協約の一般的拘束力
14．労働協約の終了事由

1．労働協約とは

労働協約とは、どのようなものをいうのでしょうか。

労働契約とか労使協定とか、似た様な言葉がありますので注意してください。

皆さん、労働協約をご覧になったことがありますか。とりあえずは、使用者と労働組合の約束事といったイメージを持ってください。

労働協約は、まさに労働三権の成果物といったものといえます。労働組合が、団結権を前提に団体行動権を手段に使用者と主に団体交渉した結果が、労働協約として実を結ぶのです。まさに労使自治の産物です。

労働協約については労働組合法に規定がありますので、その紹介から始めましょう。

労働組合法第14条（労働協約の効力の発生）

労働組合と使用者又はその団体との間の労働条件その他に関する労働協約は、書面に作成し、両当事者が署名し、又は記名押印することによってその効力を生ずる。

労働協約とは、労働組合と使用者ないしその団体との取り決めです。形式上は書面化されており、そこに当事者双方が署名ないし記名捺印したものをいうのです。平たくいえば、組合と使用者の団体交渉等での話し合いの結論を書面化し署名ないし記名捺印したものです。

書面の名称は問いません。「労働協約」でなくても、「賃金に関する協定書」「団体交渉議事録確認書」「覚書」等なんでもかまいません。名称がなくてもかまいません。

私の記憶では、「……交渉議事録抜粋」等といった標題の書面が協約集に載っていたのを覚えています。

　労働協約は、一般的には団体交渉の結果結ばれます。しかし、労働組合法は労働協約と認められるためにどのような過程とか手続きが必要かについて、団体交渉を経てとは限定していません。

　ですから、前にお話した労使協議会の中での話し合いの結果でも、後にお話しする労働委員会でのあっせんや和解を通じて結ばれるものも、先ほどあげた労働組合法14条の要件を満たすかぎり、労働協約となり得ます。

　労働協約は、「労働組合と使用者又はその団体との間」で締結されるものです。この労働協約の当事者（名宛人とか名義人）となり得る地位のことを協約能力等と呼びます。この協約能力は、前にお話しした団体交渉の当事者となり得る資格と一致すると解されます。

　なぜなら、労働協約は、多くは団体交渉の結果として締結されるものだからです。

　ですから一般的には使用者は、相手の組合が企業別組合の場合は個々の企業や事業場単位で労働協約を締結することになります。

　又、産業別組合のように企業横断的な労働組合の場合は、先ほどの条文の「使用者又はその団体」とあるように、使用者が加盟している上部の使用者団体との間で締結することもありえるということになります。

　なお、労働協約の締結権限付与について次のような判例もあります。

—179—

●判例紹介●

中根製作所事件（最決平12.11.28）
（判決の要旨）

　労働協約締結は組合大会の付議事項とされているところ、本件労働協約締結に当たって組合大会で決議された事実はないから、本件労働協約は労働組合の協約締結権限に瑕疵があり、その締結手続に瑕疵があるので無効であり、それに基づく給与減額も効力を認めることができない……

　中根製作所事件判決は、後程説明する協約自治の限界について、主として手続面から無効であるとの判断をしているという側面もあります。ここでの「協約自治の限界」とは労働協約に書かれてあることでも、時と場合によっては個々の組合員の労働条件にならないことがあるのではないか、労使の当事者に与えられた権限にも内在的に限界があるのではないかという問題です。

　労働協約の内容は、前記の条文からいうと、「労働条件……に関する」部分と「その他に関する」部分に分けられます。

　前者の「労働条件……に関する」部分は、後程詳しく説明しますが、少し難しい言葉で規範的部分といって、具体的には賃金や労働時間等、組合員個々人の労働条件に関する部分です。

　後者の「その他に関する」部分は、これまた少し難しい言葉で債務的

部分といって、団体としての労働組合と使用者との間の約束事であり、例えば組合事務所の貸借に関することや、団体交渉のルール等に関する部分です。

　労働協約は、法的にみると使用者ないし使用者団体と労働組合の間の契約です。しかしながら同時にそれは、使用者と組合員との間の労働契約の内容である労働条件の基準を設けるという意味も併せ持ちます。そしてこの後者の側面が労働協約のもつ重要で特徴的な効力になります。

　労働協約には、大きく分けると規範的効力、債務的効力、就業規則への優先という３つの効力があるといわれています。順次、解説していきましょう。

２．規範的効力

　「規範的効力」、少し難しい専門用語ですが、労働協約の効力に関しては非常に重要な内容なので、詳しく説明しましょう。

　労働協約は、「労働組合」が、使用者と話し合いの上で取り決めたものですから、その内容が、「労働組合」と使用者間の約束事であることに関しては何ら疑問をはさむ余地はありません。

　しかし、労働条件に関する部分は、基本原則に立ち戻ると、組合員「個々人」と使用者の間の雇用契約なり労働契約で取り決める事柄であるはずです。それらの事柄が「労働組合」との労働協約で定められるということはどのような意味を持ち、どのような効力を持つのでしょうか。

　そこで紹介するのが、労働組合法16条です。

> **労働組合法第16条（基準の効力）**
>
> 　労働協約に定める労働条件その他の労働者の待遇に関する基準に違反する労働契約の部分は、無効とする。この場合において無効となった部分は、基準の定めるところによる。労働契約に定がない部分についても、同様とする。

　先ほどもお話ししたように、労働協約はあくまでも個々の労働組合員とは別の、難しい表現を使うならば別の人格の労働組合という団体が使用者と結んだものですが、上記の労働組合法16条が特別な効力を与えているのです。即ち、労働組合という労働者の「団体」が締結した内容が、組合員個々人の労働条件、いい方を変えれば労働契約の内容になるのです。労働協約のこのような効力を、規範的効力というのです。

　規範的効力を細かく分けると、次のように２段階にわたって発揮されます。

　条文に則していうと、まず第一段階として「労働協約に定める労働条件その他の労働者の待遇に関する基準に違反する労働契約の部分は、無効とする」のです。この効力のことを強行的効力といいます。

　そして、第二段階として「無効となった部分は、基準（労働協約で定めた基準）の定めるところによる。労働契約に定がない部分についても、同様とする」ということになるのです。そしてこの効力のことを直律的効力といいます。

　ちなみに、就業規則に対する労働協約の優越性についても労働基準法に規定があります。

—182—

労働基準法第92条（法令及び労働協約との関係）

　就業規則は、法令又は当該事業場について適用される労働協約に反してはならない。

2　行政官庁は、法令又は労働協約に牴触する就業規則の変更を命ずることができる。

　また、労働基準法や労働契約法にも労働組合法第16条に似たような規定があります。

労働基準法第13条（この法律違反の契約）

　この法律で定める基準に達しない労働条件を定める労働契約は、その部分については無効とする。この場合において、無効となった部分は、この法律で定める基準による。

労働契約法第12条（就業規則違反の労働契約）

　就業規則で定める基準に達しない労働条件を定める労働契約は、その部分については、無効とする。この場合において、無効となった部分は、就業規則で定める基準による。

　就業規則には、個々の従業員の労働条件がバラバラだと不都合があるので、労働条件を統一しようという機能があるのですが、労働協約にも同様の機能があるのです。

　労働協約の規範的効力を具体例で示すと、次のようになります。
　ある労働者が使用者との個別の労働契約で「１日の所定労働時間は８

—183—

時間」と決めたとします。ところが労働協約には「1日の所定労働時間は7時間30分」と定められていたとします。

この場合「1日の所定労働時間は8時間」の部分は、労働協約に定める労働条件その他の労働者の待遇に関する基準に違反する労働契約の部分となります。そこでこの労働協約の規範的効力というものが働いて、8時間の部分は無効となり7時間30分に置き換えられて「1日の所定労働時間は7時間30分」との労働契約が締結されたことになるのです。

3．労働協約の要式性

なお、労働組合法14条には、「書面に作成し、両当事者が署名し、又は記名押印することによってその効力を生ずる。」と書いてありましたが、労働組合と使用者の間の書面化されていない合意にも規範的効力は認められるのでしょうか。この点に関して、判例がありますので紹介しておきましょう。

●判例紹介●

都南自動車教習所事件（最判平13．3．13）
（判決の要旨）

労働組合法14条が、労働協約は書面に作成し、両当事者が署名し、または記名押印することによってその効力を生じることとしているゆえんは、労働協約に、（規範的効力、一般的拘束力や就業規則に対する優位性の）法的効力を付与することとしている以上、その存在および内容は明確なものでなければならないからである。

書面に作成され、かつ、両当事者がこれに署名しまたは記名押印しない限り、仮に、労働組合と使用者との間に労働条件その他に関する合意が成立したとしても、これに労働協約としての規範的効力は付与することはできない……

　この判旨の前半では、労働協約に要式性が要求される理由が述べられています。ここでの「一般的拘束力」については後程詳しくお話ししますが、組合が一定の要件を満たした場合、その組合が締結した労働協約は、当該組合の組合員以外のものにも自動的に拡張適用される効力のことをいいます。

　ところで「署名」とは、本人が自筆で氏名・住所などを手書きすることをいいます。一方「記名」は、印刷やゴム印、他人による代筆など「署名」以外の方法で自分の氏名・住所などを記載することをいいます。ですから記名のときは、慎重を期して押印を要求しているのです。

　さて、あくまで「書面」とありますから、先ほど判例で紹介した口頭による合意や、時代が変わったとしても電子媒体によるものなどはすべて、労働組合法上の労働協約にはあたりません。

　書面というのは、紙のひとまとまりをいいます。ですから往復書簡や質問書とそれに対する回答書のような２つの文書を照合してはじめて内容の確認できるものについては、考えかたは分かれますが、労働協約にはならないでしょう。

　なお、合理的理由もなく使用者が書面化を拒否すれば、後に説明する不当労働行為の問題が生じる可能性があります。

| 4．有利性原則 |

　有利性原則の有無の問題とは、労働協約に定められた労働条件は、最低基準を示すものなのか、それともそれより有利な労働契約の内容を無効にするものかという問題です。

　労働契約法には次のような規定があります。

労働契約法第7条（労働契約の成立）

　労働者及び使用者が労働契約を締結する場合において、使用者が合理的な労働条件が定められている就業規則を労働者に周知させていた場合には、労働契約の内容は、その就業規則で定める労働条件によるものとする。ただし、労働契約において、労働者及び使用者が就業規則の内容と異なる労働条件を合意していた部分については、第十二条に該当する場合を除き、この限りでない。

　ただし書き以下に注意して読んでもらいましょう。同法の12条については先に紹介しましたが、繰り返しておきましょう。

労働契約法第12条（就業規則違反の労働契約）

　就業規則で定める基準に達しない労働条件を定める労働契約は、その部分については、無効とする。この場合において、無効となった部分は、就業規則で定める基準による。

　これらの条文を、具体例で説明すると次のようになります。

　実際には、あまり登場しない例かもしれませんが、有利不利がはっきりしていて分かりやすいので、時給の話を例にとって説明をしてみます。時給とは、1時間単位で支給される給料のことです。

—186—

なぜなら、労働条件は実際には有利不利がはっきりしない場合も多いのです。例えば、１日の所定労働時間は増やすが、休日数も増やす等といった場合です。

　話を戻しましょう。例えば、就業規則には時給が1,500円と書いているのに、個別の労働契約では1,200円となっていたら、その契約のそこの部分は無効になって、時給は1,500円になります。これが労働契約法の12条から導き出される結論です。

　では、個別の労働契約では1,700円となっていたらどうでしょう。この場合の時給は1,700円になるというのが、労働契約法７条ただし書き以下の結論となるのです。「ただし、労働契約において、労働者及び使用者が就業規則の内容と異なる労働条件を合意していた部分」になるわけです。つまり、就業規則の場合は、その基準を上回る内容の個別の労働契約の締結は妨げないというわけです。このことを、就業規則では「有利性の原則」が働くと表現します。

　では、これが就業規則ではなく労働協約の場合だったら結論はどうなるのでしょうか。労働組合法には、労働契約法７条ただし書きのような規定がないため議論になります。

　もう一度、労働組合法の条文に立ち戻ってみましょう。

労働組合法第16条（基準の効力）
　労働協約に定める労働条件その他の労働者の待遇に関する基準に違反する労働契約の部分は、無効とする。……

ここでは、「違反する」という表現が使われていますので、労働協約より有利な労働契約の部分も労働協約に「違反する」ことになるのかが明らかではないのです。

　結論からいうと、有利性の原則の有無は、基本的に労使の自治に任されているということになると思います。ここで、労使の自治とは、使用者と労働組合が決めたことに国は法律などで介入することはできず、労使当事者の意思に任せることをいいます。

　確かに、労働協約の内容が、最低賃金の定め等の場合には結論はあきらかでしょう。

　それでは、労働協約を解釈してもはっきりしない場合はどのように考えたらよいのでしょうか。日本の多くの企業別組合の場合、労働協約に明確に有利性原則があると規定されている場合を除き、有利性原則は否定されるものと思われます。

　即ち、原則として労働協約の定める基準を上回る有利な個別の労働契約でも無効として、それにとって代わると思われます。先ほどの例でいうと時給は1,700円ではなく、1,500円になるということです。これを労働協約の「規範的効力の両面性」といいます。

　そのように思われる根拠をいくつかあげておきましょう。

　例えば、ドイツでは法律が明文で有利性原則を肯定しています。ドイツの組合は、労働組合が産業別に組織されており、その労働協約も産業別協約となっており、個々の企業や事業所の固有の事情を反映したものにはならないのです。そのかわり、その産業における最低基準を決める

—188—

という、いわば法律に代わるものとして重要な意味を持っているのです。そして、繰り返しになりますが、日本の労働組合法には、ドイツのような明確な規定は存在しないのです。

　それと比べて、日本の多くの労働組合は、企業別に組織されており、そこでの労働協約は、個別企業ごとに締結され、個々の企業の実情を反映した決めの細かい取り決めが可能です。そこでは最低基準ではなく、労働者の具体的労働条件をきめており、それを上回る条件の存在を予定していないと考えるのが自然だと思われます。

　また、労働協約によって労働条件を定めることは、労働組合の団結力の強化を図ることにもあるわけですから、一部の者がいわゆる労働組合を出し抜いて特約を結ぶことを認めることは、団結の力を弱めることになると思われるのです。

5．協約自治とその限界

　以上みてきたように、労働協約が当事者に与えた権限はかなり強力なものといえます。

　労働協約で定めれば、先ほどの労働組合法16条の規定によって、原則個々の労働者と使用者との間の労働契約の内容となります。ですから労働協約は組合員の労働条件には決定的ともいえる影響を与えることになります。そしてそのことには原則として外部からの干渉なり規制を受けないのです。このようなことを「協約自治」と呼びます。

　協約自治という言葉は、とくに組合員の労働条件については、裁判所からその内容の合理性などについてチェックを受けずに労使で決定できる、ということを強調するときに使う言葉です。

すると、労働協約で締結されれば、例外なくすべてのことが組合員の労働条件になってしまうのでしょうか。いい換えれば、労働協約に書かれてあることでも、時と場合によっては個々の組合員の労働条件にならないことがあるのではないか、労使の当事者に与えられた権限にも内在的に限界があるのではないか、というのが「協約自治の限界」という問題です。

　いい方を変えれば、労使がとりあげる事項の中には、多数決原理にはなじまない、労働者個々人に判断が留保されるような内容があるのではないかということです。

　それでは「協約自治の限界」とは、どのような場合に現れるのでしょうか。

　まず、これは当たり前のことですが、公の秩序、善良な風俗（公序良俗）に反する場合とか、法律の強行規定（例えば、労働基準法）に違反するような場合は、労働協約の内容が個々の労働契約の内容にはなりません。そうでなければ労働組合のあるところでは、労働基準法等の存在意義はなくなります。

　その他の例としては転籍の問題等があります。転籍は出向と違って、原則として個々の労働者の個別的合意（就業規則や労働協約の包括的同意では足りない）が必要だと考えられています。労働契約の相手方（使用者が変わること）や契約（元籍の使用者との契約）の存続それ自体を変動させるような場合には、労働協約の規範的効力は及ばないと考えられているからです。

　ここで出向と転籍の違いですが、どちらも他の企業（出向先・転籍

先）の指揮命令の下で就労させるものですが、出向は出向元との雇用契約が継続しているのに対し、転籍は転籍元との雇用契約が終了している点に大きな違いがあります。

　また、過去に労働したことで具体的に発生している賃金請求権は、労働者個人に属する現実の具体的権利となっており、労働組合が労働協約で勝手に処分することはできないと考えられます。
　この点については、次のような判例がありますので紹介しておきましょう。

```
●判例紹介●

香港上海銀行事件（最判平1.9.7）
（判決の要旨）
　就業規則に、退職金は「支給時の退職金協定による」との条項があり……退職金協定に定める退職金の支給基準は就業規則に取り入れられその一部となっていると解され、退職金協定失効後も、右支給基準により退職金額が決定されると解される。
　上記において、4分の3以上の従業員を組織する労働組合が遡及適用の退職金協定を締結した場合においても、少数組合の組合員について既に発生した具体的権利としての退職金請求権を、事後に締結された労働協約の遡及適用により処分、変更することは許されない……
```

6. 就業規則との優劣

　労働者の労働条件に関する定めをしているという点では、労働協約も就業規則も同じような機能を持っています。

　それでは、その両者が、同一の項目で異なった内容になっていたらどうなるのでしょうか。単純な例を用いて説明しましょう。

　例えば、就業規則には時給1,200円、労働協約に1,500円と書かれている場合を想定してみてください。この点については、労働基準法に規定があります。

労働基準法第92条（法令及び労働協約との関係）

　就業規則は、法令又は当該事業場について適用される労働協約に反してはならない。

　つまり、上記の場合は、1,500円の時給となります。労働協約の方が優先するのです。

　このことは、就業規則は使用者が一方的に定めるものであるのに対し、労働協約は労使が話し合いの上、定めたものであることからも労働協約の方が優先するのは当然といえるでしょう。

　では、就業規則の方が労働者に有利な定めをしている場合はどうでしょう。先ほどの例でいえば、就業規則では時給1,500円、労働協約では1,200円の場合です。先ほどお話ししました「有利性原則」の応用です。

　考える手順のまず第1段階として就業規則の定めが合理的であれば、それは個々の労働契約の内容となるとされています。

—192—

> **労働契約法第7条**（労働契約の成立）
>
> 　労働者及び使用者が労働契約を締結する場合において、使用者が合理的な労働条件が定められている就業規則を労働者に周知させていた場合には、労働契約の内容は、その就業規則で定める労働条件によるものとする。

　就業規則の内容が労働契約の内容になるのですから、第2段階として前にお話ししました労働契約と労働協約との関係がそのままあてはまることになると思われます。

　即ち、多くの場合有利性の原則は否定されて、労働協約の定めが優先されると考えられます。つまり時給は原則1,200円になるのです。確かに、使用者にだけいい顔をされては労働組合の面子は丸つぶれでしょうから納得いく結論だと思います。

7．規範的効力の及ぶ範囲

　このテーマに関して、よく議論になるのが人事協議ないし同意条項の問題です。これは、使用者が人事異動や解雇を行う場合には、組合と事前に協議し、場合によっては組合の同意を取り付けることを義務付ける条項です。

　この条項に反してなされた措置が、労働協約の規範的効力によって無効になるだろうかという問題です。

　いろいろな考え方があり得ると思いますが、この種の条項を設けることの是非は別にしてこのような場合も、組合との協議とか同意が必要であるとの基準ができているのですから、それに反する措置は、原則権利

濫用として無効であると考えます。

　ここでも労使が話し合って得た結論は基本的に尊重されるべきと思います。高裁の例ですが、次ののような判例もありますので紹介しておきましょう。

●判例紹介●

洋書センター事件（東京高判昭61．5．29）
（判決の要旨）
　組合の構成員は、パートタイマーの……を除けば、本件解雇をされた……両名のみであり、……組合の意思決定は主として右両名によって行われ、……組合の利害と右両名の利害は密接不可分であったところ、……両名は、本件解雇理由たる……両名共謀による……社長に対しての長時間に及ぶ軟禁、暴行傷害を実行した当の本人であるから、その後における組合闘争としての、……両名らによる旧社屋の不法占拠などの……事態をも併せ考えると、もはや、……会社と……組合及び……両名との間には、本件解雇に際して、本件事前協議約款に基づく協議を行うべき信頼関係は全く欠如しており、……「労働者の責に帰すべき事由」に基づく本件解雇については、……組合及び当人の同意を得ることは勿論、その協議をすること自体、到底期待し難い状況にあった……

労務屋の横道 ㉕〜人事協議ないし同意条項

　人事協議ないし同意条項について、本文で「この種の条項を設けることの是非は別にして」と述べたことについて触れてみます。

　労使が十分話し合った上での結論である労働協約は当然守るべきですから、それを無視した人事措置が無効であるとの結論に異論はありません。では、仮に私が使用者側としてそのような労働協約の締結に同意するかというと躊躇せざるをえません。

　懲戒解雇処分などの当該個人にだけ影響する内容である場合については組合としてもチェック機能を持ちたいということで協議事項とすることについて特に異論はありません。

　しかし、事が個別人事全般となると話は別です。

　使用者側としては、人事を行う際には、本人の適性・能力、育成計画、業務の事情等多くの要素を総合的に判断して行うわけですから、それは経営を左右する中核となる業務です。中には公にすることに適さない項目も含まれており、それを納得のいくように組合と協議するのは人事の停滞をもたらすと考えられます。

　１人の人事異動でも、連鎖して多くの従業員の異動に関連するため、影響が大きくなるのです。組合としても複数の利害が絡んでくることになるので、対象者全員が納得いく協議と結論を得ることは、困難な場面の多くなることが容易に想定できます。

　やはり、個別人事は使用者の判断に任せ、苦情が出てきた場合にだけ苦情処理で対処するぐらいが望ましいと考えます。

8. 債務的効力

　労働協約には、労働契約を規律する規範的効力のほかに、契約一般に認められる債権債務としての効力があります。

　「規範的効力」は、労働組合法が労働協約に特別に与えた効力です。しかし債務的効力とは、「契約」としての通常の効力といえます。契約ですから、協約締結の当事者である労働組合と使用者は、労働協約に書かれた権利とか義務に拘束されるのです。契約では、法的な用語として権利のことを債権、義務のことを債務といいます。

　具体例をあげれば次のようなことです。

　在籍専従役員を、期単位に1人置くことを認めるという労働協約からは、それについて組合の権利（債権）と使用者の義務（債務）が発生します。

　組合事務所を貸すという労働協約からは、組合事務所を貸すという使用者の義務（債務）と対価としての賃料を支払うという労働組合の義務（債務）が発生します。組合事務所の貸与契約の不履行（＝義務を果たさないこと）があった場合は、履行をしろと相手方に請求ができる可能性があるわけです。

　ユニオン・ショップ協定に基づく使用者の解雇義務等もこれに属します。その他としては、組合員・非組合員の範囲、チェック・オフ、団体交渉・労使協議に関するルール等があります。

　契約上の債権、債務ですから、債務（義務）が履行されない場合には、債権者である労働組合ないし使用者は、債務者である使用者ないし労働組合に「債務（義務）を履行せよ」と要求できるのです。そして、

—196—

その債務不履行によって損害が発生した場合には、債務者から債権者に対して、債務不履行として損害賠償責任が発生するのです。ここで、債務不履行というのは、債務者が、正当な事由がないのに債務の本旨に従った給付をしないことをいいます。

なお、労働協約の債務的効力の一例として平和義務の問題がありますが、これについては団体行動権のところで取り上げましたので参照してください。

9．労働協約の規範的部分と債務的部分

いままで、労働協約の規範的効力と債務的効力について話をしてきましたが、ここで労働協約の規範的部分と債務的部分ということについて説明しておきたいと思います。少し話が今までの部分と重複するかもしれませんがご容赦ください。

規範的部分の方ははっきりしていて分かりやすいと思いますのでこちらのほうから説明します。文字どおり、規範的効力を有する部分が規範的部分です。再度、労働組合法16条を確認しておきましょう。

労働組合法第16条（基準の効力）
労働協約に定める労働条件その他の労働者の待遇に関する基準に違反する労働契約の部分は、無効とする。この場合において無効となった部分は、基準の定めるところによる。労働契約に定がない部分についても、同様とする。

ここでいう「労働条件その他の労働者の待遇に関する基準」が規範的部分なのです。具体的には賃金、労働時間、休日、休暇、安全衛生、労災補償等に関する部分です。

それに引き替え債務的部分の方は少しややこしいのです。

債務的効力を生じるのが債務的部分であるといった、文字通りの単純な結論にはならないのです。

実は、そもそも労働協約は使用者と労働組合の契約ですから、全体として通常の契約と同様に債務的効力を有しています。先に出てきた規範的部分と呼ばれる部分も、債務的効力を有するのです。

ここでも、話を単純化するために時給を例に説明します。

例えば、労働協約で、時給を1,500円と定めれば、そこの部分は規範的部分でありかつ規範的効力を生じますが、実は、債務的効力もまた生じるのです。

仮に、使用者は組合に対して「組合員の時給は1,500円払います」と約束しているのに、実際に組合員には1,200円しか払わなかったら、それは労働組合に対しても契約違反であり、法律的表現を使えば債務不履行ということになるのです。

でも、この部分は債務的部分とはいわないのです。

それでは、債務的部分とはどのような範囲のことをいうのでしょうか。端的にいうと、労働協約の全体から規範的部分を除いた部分を債務的部分というのです。いい換えると債務的効力しか生じない（即ち規範

—198—

的効力は生じない）範囲を指すのです。

　例えば、非組合員について定めた部分、在籍専従役員について定めた部分、組合事務所の賃貸借の条件を定めた部分、ユニオン・ショップ協定に基づく使用者の解雇義務を定めた部分、団体交渉のルールに関して定めた部分、組合活動に関する部分、争議行為に関する部分等です。

　その他、労働協約には多くの債務的部分があり、総じていえば、労働組合と使用者の間の、団体的労使関係を運営していく上での取り決めを定めた部分ともいえます。

　「効力」と「部分」の関係をまとめると、規範的部分は、規範的効力と債務的効力の両方を有し、債務的部分の方は、債務的効力のみ有するということになります。

　ここで、規範的部分の債務的効力という問題があります。

　少し繰り返しの感がありますが、説明させてください。

　労働協約の規範的部分（例えば、組合員に家族手当を一律月当り１万円支給する）は、組合員である個々の労働者が使用者に対して直接、請求する権利を持つものです。

　ここでの問題は、この例でいえば、家族手当に関する規定に基づいて、組合員が家族手当の支払いを使用者に対して請求しないのに、労働組合が債権者として組合員に対する家族手当の支払いを使用者に請求できるかということです。

　これを否定する考え方もありますが、労働協約は契約という側面もありますし、組合が組合員への支払いを請求することに意義もあるため肯定すべきだと考えます。

—199—

10. 労働協約による労働条件の不利益変更

労働協約の規範的効力に関しては、この効力は、労働協約によって労働条件を引き下げる場合にもあるのかという問題があります。

前にもお話ししましたように、労働組合法は、その２条で「労働条件の維持改善その他経済的地位の向上を図ることを主たる目的」と労働組合の目的を規定しています。

素直に読むと、おかしいじゃないか、労働協約によって労働条件を不利益に変更することは、この労働組合の目的の趣旨に反するのではないかとの疑問が生じるのです。「そんな組合は労働組合ではない」等という声も聞こえそうです。

しかし、事はそう短絡的なものではありません。労働条件等も長期的且つ総合的にみなくてはなりません。

団体交渉の場は、使用者と労働組合との間の労働条件等をめぐる、ギブアンドテイクの取引が行われるところです。

例えば、経営状態が悪化したときに、労働組合としては、使用者に最低限でも雇用の確保は守れとせまるでしょう。他方、使用者は、雇用の確保と引き換えに労務費の削減ということから労働条件の引き下げを提案する場面があります。

このような場合は、どのように考えるべきでしょうか。

これを総合的にみれば、労働条件の不利益変更とは必ずしもいえないのではないでしょうか。

その他、定年延長と引き換えに退職金の支給率を引き下げるといったような例も考えられます。

又、労使関係は単年度ではなく長い歴史を持っています。

両者をめぐる経済的な環境なども日々変動します。

企業の経営状況が良い時には、労働組合もより多くの組合員への分配を期待するでしょうし、使用者側にもその要求に答えようという動機が働きます。

ところが、逆の場合もあるのです。その場合でも労働組合からは、この度は我慢して経営環境が改善した時に期待しようという対応があり、使用者からは環境が回復したら報いようという、双方の思いが合致する場合もあるのです。

このように見ていくと、労働条件のある特定の一面だけをとらえて有利、不利を論じることは労使の裁量の余地を縮小させることになり、短期的視点だけで労働条件をとらえることにもつながり、労働組合法の基礎にある労使自治の原則に反することにもなるのだろうと思います。

この問題に関して、判例も次のように述べています。

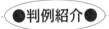

朝日火災海上保険（石堂）事件（最判平9.3.27）

（判決の要旨）

　本件労働協約は、……の定年及び退職金算定方法を不利益に変更するものであり……これにより……が受ける不利益は決して小さなものではないが、同協約が締結されるに至った……経緯、当時の……会社の経営状態、同協約に定められた基準の全体としての合理性に照らせば、同協約が特定のまたは一部の組合員を殊更不利益に取り扱うこと

を目的として締結されたなど労働組合の目的を逸脱して締結されたものとはいえず、その規範的効力を否定すべき理由はない……

判例は、次の２つの場合に労働協約による労働条件の不利益変更を否定しているようです。

１つは、「協約が特定のまたは一部の組合員を殊更不利益に取り扱うことを目的として締結された場合」です。もう１つは、協約の内容が「著しく不合理な場合」です。

労務屋の横道 ㉖〜不利益な提案

長い労使関係の中では、時には企業の経営が悪化して、組合員には不利益な提案をせざるを得ない場面があります。

この場合、労働組合が無ければ、従業員一人ひとりに説明し、納得を得た上で合意を得るのが原則です。さもなくば強引に押し通して、従業員の反感を買うかです。

でも、労働組合があれば、そのリーダー達に、誠意をもって説明し、納得してもらうと、今度は、彼らが組合員の説得にあたってくれるのです。組合員が自分たちの仲間から選出したリーダーの言葉は、会社のそれより説得力を持つのは当然のことです。

但し、このことも労使が長い間に培ってきた信頼関係があるからこそ成り立つというのはいうまでもないことです。

11. 就業規則による労働条件の不利益変更

労働組合法のテーマではありませんが、重要な関連性がありますのでここで紹介します。

就業規則の不利益変更については、新たに成立した労働契約法において、従来の判例の傾向を踏まえ一定の条文が整備されています。

労働契約法第９条（就業規則による労働契約の内容の変更）

使用者は、労働者と合意することなく、就業規則を変更することにより、労働者の不利益に労働契約の内容である労働条件を変更することはできない。ただし、次条の場合は、この限りでない。

同第10条　使用者が就業規則の変更により労働条件を変更する場合において、変更後の就業規則を労働者に周知させ、かつ、就業規則の変更が、労働者の受ける不利益の程度、労働条件の変更の必要性、変更後の就業規則の内容の相当性、労働組合等との交渉の状況その他の就業規則の変更に係る事情に照らして合理的なものであるときは、労働契約の内容である労働条件は、当該変更後の就業規則に定めるところによるものとする。ただし、労働契約において、労働者及び使用者が就業規則の変更によっては変更されない労働条件として合意していた部分については、第12条に該当する場合を除き、この限りでない。

ただし、この条文を読んだだけでは、具体的なイメージがわきません。この条文も、就業規則の変更に関する従来の判例を踏まえてできていますからその辺の説明をしましょう。

就業規則の不利益変更の議論は、極めて難しいテーマです。

　テーマの問題意識から説明します。

　就業規則というのは、事業主が一方的に決めるものです。そこで、就業規則の内容を事業主が労働者にとって不利益に変更した場合、果たしてそのことに反対だといっている労働者を拘束できるのであろうかというのが問題なのです。

　なぜ難しいかというと、この問題をどのように考えるかについては、非常に立場の違いが鮮明に出やすいからです。

　とりわけ、分配できるパイが少ない時代には、労使の利害が対立する内容となります。

　使用者は考えます。

　「固定費（人件費）の削減こそ当社の生き残りを掛けたテーマである。会社が生き残って発展してこそ雇用が守られるのだ」…

　労働者のリーダーは考えます。

　「現在の労働条件は、先人の長い間の努力によって勝ち得た既得権である。労働者には生活があるのだから勝手に変えるなど許されない。人件費に手をつける前に他に手があるだろう」…

　代表的な判例を紹介します。最初の判例は、有名な秋北バス事件の判例です。

●判例紹介●

秋北バス事件（最大判昭43. 12. 25）
（事実の概要）
　当該会社の管理職の従業員については、従来定年制の適用がなかったが、就業規則を変更して満55歳の定年を定めた。そして既に満55歳に達していた従業員に対し退職を命ずる旨の解雇通知をした。
（判決の要旨）
　新たな就業規則の作成又は変更によって、既得の権利を奪い、労働者に不利益な労働条件を一方的に課することは、原則として、許されないと解すべきであるが、労働条件の集合的処理、特にその統一的かつ画一的な決定を建前とする就業規則の性質からいって、当該規則条項が合理的なものであるかぎり、個々の労働者において、これに同意しないことを理由として、その適用を否定することは許されないと解すべき……

　次は、就業規則の変更の合理性の判断基準を示した判例です。

●判例紹介●

第四銀行事件（最判平9. 2. 28）
（判決の要旨）
　合理性の有無は、具体的には、就業規則の変更によって労働者が被る不利益の程度、使用者側の変更の必要性の内容・程度、変更後の就

業規則の内容自体の相当性、代償措置その他の労働条件の改善状況、労働組合との交渉の経緯、他の労働組合又は他の従業員の対応、同様事項に関する我が国社会における一般的状況等を総合考慮して判断すべきである。

……その実質的な不利益は、賃金という労働者にとって重要な労働条件に関するものであるから、本件就業規則変更は、これを受忍させることを許容することができるだけの高度の必要性に基づいた合理的な内容のものでなければならない……

以上２つの判例を紹介しました。

その他にも本テーマに関しては数多くの判例があります。

最高裁判所は、これらの判例を積み重ねる中で、概ね不利益変更を一律に論ずるのではなく、その合理性があるか否かを総合的に判断しているといえます。そして、合理性の具体的な判断においては、以下のような点を総合してみているといえるでしょう。

○就業規則の変更が与える不利益の程度

→この点では、代償措置なども含めた変更後の労働条件を総合的にみている。

○労働組合などの対応

○同業他社などの水準、動向

○その他

賢明な皆さんは、以上のような判例を踏まえて、あたらしく労働契約法が立法されたことはお分かりだと思います。

12. 労働条件の不利益変更（労働協約と就業規則）

ここまで見ていただいて、気が付いていただきたいのは次の点です。

就業規則による労働条件の不利益変更が有効となるための要件は「合理性」にありました。労働協約による労働条件の不利益変更の場面では「著しく不合理」な場合に無効になるというものでした。

お分かりでしょうか。就業規則の場合と労働協約の場合では、原則と例外が逆になっているのです。ここは強調しておきたい重要なポイントです。

就業規則による不利益変更の場合には原則は無効で、例外は合理性がある場合です。これと異なり、労働協約による不利益変更の場合は原則は有効で、例外は著しく不合理な場合なのです。これは大きな違いであり、就業規則の場合は裁判所が合理性の有無を厳格に審査するまで有効かどうか不安ですが、労働協約による場合は概ね有効であると考えることができることを意味します。

両者の違いは、どこから来るかといいますと、就業規則は使用者が一方的に制定、変更しうるものであるのに対して、労働協約は、使用者と労働組合の話合いの結果によるものであるからです。この点も非常に重要なことですが、裁判所も労使の合意ないし自治を尊重しているといえる一例だと思います。

労務屋の横道 ㉗〜裁判官の目

本文で、労働条件の不利益変更について、就業規則の場合と労働協約の場合では、原則と例外が逆になっていると解説しました。

これは、あくまで私の想像ですが、裁判官というのは法律の専門家ですが、個別の労使関係での話の内容についてはよく分からない部分もあるというのが実態ではないでしょうか。とはいえ、手続きが適正に履践されているかどうかは目に見えることなので分かると思われます。

　組合員に適正に選挙（これも手続）された代表者が使用者と幾度も協議を重ねた結果（適正な手続きを履践した結果）、妥決した内容ならとりあえず信用できると考えられているのではないのでしょうか。

　だとしたら、使用者にとって労働組合との協議というのは、司法リスクの回避にもつながると思えるのです。

13. 労働協約の一般的拘束力

(1) 一般的拘束力とは

　労働組合法は、これからお話ししますように「一般的拘束力」という労働協約の特別な効力を定めています。

　これは労働協約の効力はどこまで及ぶかという問題です。

　原則は明らかです。労働協約は、労働組合がその構成員である組合員の労働条件の維持向上を目的として交渉し締結するものですから、その効力は、当該労働協約を締結した労働組合とその労働組合の組合員にのみ適用されます。非組合員には及びませんし、他の組合に所属する組合員にも及ばないのが原則です。

しかしながら、1つの労働協約がある一定範囲の大部分の労働者に適用される場合には、これを当該組合の組合員以外にも拡張して適用したほうが良いと考えられる場合があり、これが労働協約の一般的拘束力というテーマです。

　労働組合法がこのことに関して規定しているのです。労働組合法の該当条文を見ていきましょう。

労働組合法第17条（一般的拘束力）
　一の工場事業場に常時使用される同種の労働者の四分の三以上の数の労働者が一の労働協約の適用を受けるに至つたときは、当該工場事業場に使用される他の同種の労働者に関しても、当該労働協約が適用されるものとする。

労働組合第18条（地域的の一般的拘束力）
　一の地域において従業する同種の労働者の大部分が一の労働協約の適用を受けるに至つたときは、当該労働協約の当事者の双方又は一方の申立てに基づき、労働委員会の決議により、厚生労働大臣又は都道府県知事は、当該地域において従業する他の同種の労働者及びその使用者も当該労働協約（第二項の規定により修正があつたものを含む。）の適用を受けるべきことの決定をすることができる。
2　労働委員会は、前項の決議をする場合において、当該労働協約に不適当な部分があると認めたときは、これを修正することができる。
3　第一項の決定は、公告によってする。

17条の一般的拘束力と、18条の地域的の一般的拘束力の規定です。

この２つでは、前者の方が重要です。後者の方は産業別協約を前提とするドイツの制度を導入したものであり、企業別に組織されることが多い日本の労働組合が締結するする労働協約にはほとんどといっていいほど適用の余地もなく、実際の適用例もほとんどありません。

ですから前者（17条の一般的拘束力）について以下に解説し、後者（18条の地域的の一般的拘束力）については条文を紹介するにとどめたいと思います。

17条の一般的拘束力では、「１つの工場事業場」に常時使用される「同種の労働者」の４分の３以上がある特定の労働協約の適用を受けるようになったときは、その工場事業場に使用される他の同種の労働者、例えば非組合員にも当該労働協約が適用されるというものです。

具体例をあげてみましょう。

ある支店に勤務する販売職（「同種の労働者」）の労働者が60人いたとしましょう。そのうち50人（４分の３以上）が同一の労働組合に加入していたとします。そしてその労働組合が、使用者と団体交渉の上で夏季の賞与について妥決して労働協約を締結したとします。この場合、残りの10人の労働者も同じ労働協約の適用を受けることになります。その結果、この労働協約で締結した夏季の賞与は、当該営業所の販売職の全員に支給されることになるのです。

一般的拘束力とは、組合員でもないのに、あえていうなら組合費も払っていないのに、組合と使用者が決めた労働協約の適用を受けることに

なることなのです。

(2) 一般的拘束力の効用

それでは、労働組合法が、なぜ、誰のためにこのような例外規定を設けたのでしょうか。1つの理由だけで説明する考え方も多いようですが、複数の理由が考えられると思います。

まず、労働組合法が労働者のためのものであるという法律の感触からして違和感があるかもしれませんが、使用者にとってもメリットがあるのです。

この一般的拘束力によって、職場や事業場の労働者の労働条件の統一化が図れるのです。労働条件がバラバラだと色々な不都合が生じることは容易に想像がつくと思われます。

4分の3以上を占める組合を、ここでは多数組合といっておきましょう。その多数組合との話し合いで労働条件を決めれば、職場や事業場全部の労働条件を決めることができるのです。全体の4分の1未満の労働者、ここでは少数労働者といっておきましょう。この少数労働者の個々人に了解をとる必要が無いわけです。

次に、少数労働者にもメリットがあります。この規定があるおかげで、少数労働者は、多数組合のいわば勝ち取った労働条件の適用を受けることができるのです。組合活動もしていないし、組合費も負担していないのに恩恵に預かることができるのです。

最後に、さすがに多数組合には、少数労働者に恩恵を与えるだけでメリットが無いように思われるかもしれませんがそれがあるのです。

　多数組合が使用者と決めたことが、その職場、事業場全部の労働条件になるので、少数労働者が組合員より低い労働条件で雇用されて、組合が労働協約で比較的高い条件を取り決めても少数労働者に足を引っ張られるということを防止できるのです。即ち、少数労働者による労働力の安売りを防止できるのです。

　ここでも時給の例を使い、考えてみましょう。

　仮に、多数組合が使用者交渉の末「時給1,500円」という労働協約を結んだにもかかわらず、少数労働者が使用者と「時給1,200円」という契約を結んだらどうでしょう。

　多数組合が、次の交渉で、「時給1,600円」にあげろとはいいにくくなるでしょう。何せ、同じ職場、事業場で「時給1,200円」で働いている労働者が現実にいるということがブレーキをかけることになりかねないのです。つまり、この規定は労働組合が勝ち取った労働条件の値崩れ防止の役割も果たすのです。

　この点に関する判例をあげておきましょう。

　つまるところ、この規定は、使用者、少数労働者ならびに多数組合の３者にそれぞれのメリットがあるということになると考えます。

　17条の一般的拘束力の規定は任意規定との考えもありますが、先にお話ししたように関係する多くの集団や個人のメリットを考えたものなので、強行規定であると考えます。ですから多数を形成する労働組合が、

使用者との間で、この一般的拘束力の適用を排除したり制限する労働協約を結んだとしても無効になると考えます。

●判例紹介●

朝日火災海上保険（高田）事件（最判Ｈ８．３．26）
（判決の要旨）

　同条（労働組合法17条）の趣旨は、主として一の事業者の四分の三以上の同種労働者に適用される労働協約上の労働条件によって当該事業場の労働条件を統一し、労働組合の団結権の維持強化と当該事業場における公正妥当な労働条件の実現を図ることにあると解されるから……

　なお、ここで、強行規定とは、法令の規定のうちで、それに反する当事者間の合意の如何を問わずに適用される規定をいいます。逆に法令で規定していても当事者がそれに反する意思表示（特約）を結べば適用されない規定を任意規定といいます。

(3)　１つの工場事業場とは

　この条文にいう「工場事業場」とは「企業」と同じであるとの考えもありますが、条文に忠実に、労働基準法の扱いと同様に、企業そのものでなく文字通り個々の「工場」とか「事業場」とか「支店」のことを意味すると考えます。

　ですから、ある労働協約が同一企業内でも、ある特定の１工場にのみ一般的拘束力が適用されたり、またその逆に１つの支店だけが一般的拘

束力が適用されなかったりすることもあるわけです。

　最近は出向者も増えていますが、出向者が出向元で賃金が決定され支払われているときは、出向元における同種労働者に関する賃金の労働協約の拡張適用を受けると考えられます。

　(4)　常時使用される労働者とは

　臨時的に雇用される期間雇用労働者やアルバイト等は一般的には含まれないと考えられます。但し、契約の形式ではなく実質的に判断すべきであると考えます。

　ですから、期間雇用労働者等は全員含まれないとは限りません。自動的に期間更新されて重要な職務を担うものであれば実質上常時使用されている労働者とみなし得る場合はあてはまると考えられます。要は、個別具体的に判断するしかないということになります。

　(5)　同種の労働者とは

　これは、基本的には客観的に当該労働協約の適用対象者であるか否かで判断されます。例えば、仮に事務系だけを対象とする労働協約ならば、その事業場の事務系の労働者の4分の3以上が当該労働組合の組合員であれば、残り4分の1未満の事務系の労働者にも当該労働協約が拡張適用されることになるのです。

　問題は、非組合員とされている管理職のことです。この場合は労働協約の内容を個別具体的に考えていかなければならないと考えます。例えば、超過労働の割増率のように一般の従業員のみを対象と想定している労働協約では、管理職（厳密には「管理監督者」）は「同種の労働者」

とはいえません。しかし退職金に関する協約のように、当該企業では管理職をも適用対象と想定している場合は、「同種の労働者」に含まれると考えられます。

なお、ここで触れさせていただきますが、労働組合法の18条の地域的拡張の場合とは異なり、同法17条の場合には拡張適用のために特別手続的要件は規定されていないことから、４分の３以上の労働者に対する適用という事実が生ずれば、自動的に拡張適用が認められることになります。

(6)　拡張適用される労働協約の範囲

今までの話や本条の趣旨から考えて、労働協約の内、規範的部分が拡張適用の対象になることはお分かりになったと思います。

条文上は「当該協約が適用されるものとする」と定めていますが、拡張適用される部分は、当該協約の規範的部分、即ち労働条件に関する部分に限られます。債務的部分は、前述したように「労働組合と使用者の間の、団体的労使関係を運営していく上での取り決めを定めた部分」ですからその性格上、拡張適用の対象にはなり得ません。

(7)　少数組合との関係

今までは、４分の１未満の労働者が暗黙のうちに未組織労働者である場合を前提に考えてきました。それでは４分の１未満の労働者が少数組合を組織していた場合はどうなるのでしょうか。

この件に関しては、労働組合法17条には、少数組合がある場合は適用を除外するとは書いていないこと、又拡張適用を認めても少数組合には

独自に団体交渉は可能であり、自主性を奪うことにはならないことなどから、拡張適用を肯定する考えもあります。

しかし、現行の労働組合法制の下においては、少数組合にも平等に団結権・団体交渉権を保障しているのだから、拡張適用はこれと矛盾しますので拡張適用は否定されるべきと考えます。そして、少数組合がその協約事項につきすでに協約を締結していると否とにかかわらず、拡張適用は否定されるべきです。

そう考えないと、少数組合にとって拡張適用した方が都合のよい時にはそれにのって、その結論に満足しないときには、より有利な内容を求めて、団体交渉なり争議行為ができることになりかねなく、あまりにも少数組合を利することになると考えられるからです。

(8) 労働条件の不利益変更の場合

ここで、少数組合には拡張適用を否定したとの前提で、再度未組織少数労働者への拡張適用の話に戻ります。

ここで、問題にするのは、前にお話ししました労働条件の不利益変更即ち、拡張適用によって未組織少数労働者の労働条件が低下する場合にもその効力が及ぶのかということです。

これについては、考え方として、拡張適用を肯定する考え方と否定する考え方があります。

否定する考えは、拡張適用を受ける未組織少数労働者が当該協約の労働組合の意思決定に関与できないので、労働条件を引き下げる結果まで甘受させることは適当でないことを理由とすることが多いようです。

この点に関する判例の見解をみてみましょう。

●判例紹介●

朝日火災海上保険（高田）事件（最判Ｈ8.3.26）

（判決の要旨）

　……同条の適用に当たっては、右労働協約上の基準が一部の点において未組織の同種労働者の労働条件よりも不利益とみられる場合であっても、そのことだけで右の不利益部分についてはその効力を未組織の同種労働者に対して及ぼし得ないものと解するのは相当でない。ただし、同条は、その文言上、同条に基づき労働協約の規範的効力が同種労働者にも及ぶ範囲について何らの限定もしていない上、労働協約の締結に当たっては、その時々の社会的経済的条件を考慮して、総合的に労働条件を定めていくのが通常であるから、その一部をとらえて有利、不利ということは適当でないからである。

　……他面、未組織労働者は、労働組合の意思決定に関与する立場になく、……労働協約によって特定の未組織労働者にもたらされる不利益の程度・内容、労働協約が締結にされるに至った経緯、当該労働者が労働組合の組合員資格を認められているかどうか等に照らし、（拡張適用することが）著しく不合理であると認められる特段の事情があるときは、労働協約の規範的効力を当該労働者に及ぼすことはできないと解するのが相当である……

　判例を要約すると、原則は未組織少数労働者にとって不利となる場合でも、拡張適用されるが、例外として、「特段の事由」がある場合には

拡張適用が否定されるというものです。

　先ほどお話ししました、拡張適用の労働条件統一機能等からいっても原則は拡張適用されるべきと考えます。少数労働者にとっても、良いこともあれば悪いこともあります。いいとこどりはできないということです。

14. 労働協約の終了事由

　労働協約の終了事由としては次のようなものがあります。

(1) 有効期間の満了

　有効期間の定めがある場合には、その期間が満了することによって労働協約は当然に終了することになります。

　この点については、労働組合法に次の規定があります。

労働組合法第15条（労働協約の期間）

　労働協約には、三年をこえる有効期間の定をすることができない。

2　三年をこえる有効期間の定をした労働協約は、三年の有効期間の定をした労働協約とみなす。

　労働協約には、期間の定めをおいても、おかなくてもよいのですが、期間の定めをおくのであれば、3年を超えることはできないという意味です。

　「三年」としたのは、あまりに長い労働協約を締結すると、いろいろな事情の変化があっても、労使がそれに拘束され、それがかえって労使関係の安定性を害する可能性があると考えられたからです。

—218—

(2)　合意解約

　使用者と労働組合は、労働協約に有効期間があるかないかにかかわら
ず、通常の契約と同様に、当事者が合意することによって解約すること
ができます。労使の双方が解約したいと思っているのに存続させる理由
はありません。

　この場合、次の一方的解約の場合と異なり予告期間を置く必要はあり
ません。ただし、労働協約の締結や次に説明する一方的解約との均衡
上、要式行為と解すべきですから署名または記名押印した文書によるこ
とが必要だと考えられます。

(3)　一方的解約

　期間の定めの無い労働協約には、労働組合法に次の規定があります。

労働組合法第15条（労働協約の期間）

　　　　　　　　　⋮

3　有効期間の定がない労働協約は、当事者の一方が、署名し、又は
　記名押印した文書によって相手方に予告して、解約することができ
　る。一定の期間を定める労働協約であって、その期間の経過後も期
　限を定めず効力を存続する旨の定があるものについて、その期間の
　経過後も、同様とする。

4　前項の予告は、解約しようとする日の少くとも九十日前にしなけ
　ればならない。

　労働協約の解約についても、その締結と同じく要式行為とすることで
明確化を図っています。また、長い予告期間を設けることで、権利義務

の関係の安定化を図りました。

　この解約には、特段理由の存在は要求されていません。

　しかし、この解約が組合を無きものにしようなどとの意図で行われたときは、不当労働行為に該当することもありえると思われます。

　また、労働協約が複数の事項について規定している場合、労働協約の一方的解約は、協約の各条項は密接な関連を有していることから、原則として協約の全体についてだけ行うことができると解されます。つまり、いいとこ取りは許されないということです。

　但し、高裁のものですが次の判例に留意してください。

```
●判例紹介●

ソニー事件（東京高決平6.10.24）
（判決の要旨）
　……協約自体のなかに客観的に他と分別することのできる部分があり、かつ分別して扱われることもあり得ることを当事者としても予想しえたと考えるのが合理的であると認められる場合には、協約の一部分を取りだして解約することもできると解することもできると解するのが相当である……
```

　期間の定めのある労働協約では、当事者の合意により労働協約を延長ないし更新したりすることは当然できます。

　又、本条第3項の後段の「一定の期間を定める労働協約であって、その期間の経過後も期限を定めず効力を存続する旨の定」のことを自動延

長協定と呼びます。これと区別するものとして、自動更新条項というものがあります。これは、期間の定めのある労働協約が期間満了となって、それまでに新たに労働協約が締結されない場合には、自動的に更新されるという条項です。これは勿論有効であると解されており、それによって新たな期間の定めのある労働協約が成立することになるのです。

つまり、自動延長条項の場合には、当事者の明示の取決めが無い時は期間の定めの無い労働協約となり、自動更新条項の場合は、現在の労働協約と同一の有効期間の労働協約が成立することになります。

有効期間の定めがある労働協約についても、民法の規定や一般原則による解約も理論的には可能ですが、労働協約の特殊な性格からいって、相手方の著しい義務違反や、著しい異常事態の発生の場合に例外的にだけ認められると解されています。

その他の労働協約の終了事由としては、目的の達成、労働組合の解散等による当事者の消滅、協約内容が反対の協約の成立等が考えられます。

(4)　労働協約終了後の法律関係

通常の契約関係ですと、契約が終了すると、当該契約で規定されていた双方の権利義務関係も当然に消滅することになります。ところが、労働協約の場合、前述したような様々な理由で、それが終了したとしても、使用者と労働組合ならびに組合員である労働者との間の関係自体は無くなるわけではありません。そのため労働協約終了後の法律関係をどのように処理するかが問題となります。

これについては、債務的部分と規範的部分とに分けて考える必要があります。

　前者の便宜供与、団体交渉のルールなどの債務的部分については、それまでその効力下にあった使用者と労働組合の法律関係は、当然に労働協約の失効によりその法的な根拠を失うと考えられます。但し、それまで続いてきた取り扱いが労使の慣行として意味を持ち続け、一定の権利が認められることはあり得ると思われます。

　問題は、規範的部分の方です。労働協約の失効により規範的効力が消滅すると、その効力の下にあった使用者と個々の労働者との労働契約上の労働条件がどうなるかということが問題となります。

　ドイツの労働協約法では、労働協約が有効期間の満了やその他の理由で効力が失われた場合でも、他の新たな労働協約が締結されるまでは、規範的効力は失わないと規定されています。このことを「労働協約の余後効」といいます。

　日本の労働組合法にはこの種の規定が存在しないことから余後効は否定されるため、問題となるのです。

　この点についてはいろいろな考え方があるようですが、代表的なのは化体（かたい）説ないし内容説という考え方と外部規律説といわれる考え方です。

　前者の化体説ないし内容説によると、労働協約が定めていた労働条件は、規範的効力があることから、個々の労働契約の内容となっており、当事者間で特に変更されない限り労働協約失効後も、労働契約の内容としてそのまま存続すると考えます。余後効と違って、労働契約の効力と

して、従前の労働条件が適用されるとするのです。

　後者の外部規律説の考え方は、規範的効力は、協約の有効期間中に限って労働契約をあくまで外部から規律するものであるとします。ですから、労働協約の失効により、規範的効力が無くなると、労働契約の該当する部分が空白状態になると考えます。

　前述の労働組合法15条の趣旨は、あまりにも長い期間の労働協約を締結すると、いろいろな事情の変化に労使が対応できず、ひいてはそれが労使紛争の原因となるというものだと思います。そのことからすると、労働契約を規律する効力も労働協約の失効とともに消滅すると考えられるので外部規律説が妥当だと思われます。

　多くの考え方も、外部規律説をとっているようです。

　この外部規律説でいくと、先ほどお話ししたように理論的には、労働協約失効後は労働契約の当該部分が空白になってしまいます。空白のままでは、実際に働いている組合員の賃金や労働時間などの労働条件が決まらないことになり不都合が生じます。しかし、この場合でも就業規則があれば、その定めが労働条件になりますので問題はないはずです。

　ところが、常時使用する労働者が10人未満の場合は、就業規則の作成義務がありません。又、何らかの理由で就業規則が存在しない場合もあります。このような場合は労働契約というものは、一時的なものでなく継続的な契約関係であるので、労働契約についての使用者と労働者の合理的な意思を推測するという考え方になります。

　その結果、多くの場合労働協約の定めていた労働条件が引き続き適用になると一般的には解釈されているようです。いずれにしても両説とも

結論には大きな差はないと考えられています。

　参考までに、地裁のものですが１つ判例をあげておきましょう。

●判例紹介●

鈴蘭交通事件（札幌地判平11. 8. 30)
（判決の要旨）
　……本件協約自体が失効しても、その後も存続する労使間の労働契約の内容を規律する補充規範が必要であることに変わりはなく、就業規則等の右補充規範足り得る合理的基準がない限り、従前妥当してきた本件協約の月例賃金及び一時金の支給基準が、労使間の労働契約を補充して労働契約関係を規律するものと解するのが相当であり他に補充規範たり得る合理的基準は見出し難い……

第6章　不当労働行為

1．不当労働行為とは
2．不当労働行為の趣旨
3．不利益取扱い
4．団体交渉拒否
5．支配介入
6．不当労働行為の救済手続き

1. 不当労働行為とは

「不当労働行為」等という言葉の語感からは、使用者が労働組合や組合員に何か悪いことをした場合のすべてをいうように思う方もいらっしゃるかもしれませんが、そうではありません。

以下、詳しく解説していきましょう。

これまでお話ししてきましたように、労働組合は、団結権、団体交渉権、団体行動権など他の普通の団体がもたないような特別かつ強力な権利を持っていてそれが憲法や労働組合法等によって保障されています。

それでは労働組合がこれらの権利の行使を妨げられた場合、どこに救済を求めればよいのでしょうか。

勿論、他の法的権利といわれるものと同様、裁判所に救済を求めることもできます。ところが裁判所による救済は、労働組合や労働者にとって不都合な面もあります。

安価で迅速で柔軟な解決といった点で、裁判所による救済は難点があるのです。この点については後にもお話しします。

そこで、労働組合法は、労働組合の上記のような権利を妨げる使用者の行為を「不当労働行為」として、特別の救済手続きを設けたのです。そして、そのために特別に労働委員会という行政機関を設置しました。ちなみに、裁判所は行政機関に対して司法機関といいます。

行政と司法の関係はお分かりだと思います。学生時代に「三権分立」で習ったはずです。行政は法律に基づいて、税金を効率よく使い、よって国民に最大限の利益を与えるものです。他方、司法は、法律と裁判官・裁判員等の良心に基づき、法を持って事案を解決する機関です。

—226—

このように、労働組合ならびに労働者は、労働組合を作ることや、その活動とか運営に関してなされる使用者による一定の妨害的な行為を取り除いてもらうことを労働委員会に求めることができるのです。

　なお、この手続きは、使用者は利用できません。労働組合と組合員しか利用できない手続です。この不当労働行為制度も労働組合等に特別に与えられた権利といってもよいでしょう。憲法が定めた労働三権に加えて、労働組合法が定めた特別な権利なのです。

　ここまで説明しても中々「不当労働行為」のイメージ」は分かりにくいと思います。

　そこで、この後の解説の理解を助けるという意味で、一例をあげて不当労働行為制度というものを概観しておきましょう。

　例えば、神奈川県にあるメーカーの労働組合の熱心な活動家である書記長の所にある日使用者から突然一通の内容証明郵便が届きました。内容をみると「貴殿を○月△付けで解雇する」とあります。通知には、解雇理由がなにやら抽象的な文言で書かれていましたが、本人が思うには、真の理由は、自分が組合活動を熱心にかつ活発に行ったためであると考えました。

　そして、使用者は「この活動家がいなくなれば組合はもっと穏健化する」と考えいろいろな方策を講じていた様子もうかがえます。

　そこで、その書記長は、後述する労働組合法7条1号の「労働組合の正当な行為をしたことの故をもつて」解雇されたとして、行政機関である神奈川県労働委員会に職場への復帰を求める申し立てをしました。司

—227—

法機関である裁判所ではなく行政機関である労働委員会に申し立てたという点に着目してください。

　同時にその書記長が属する労働組合自身も、中心的な活動家である書記長を解雇されれば労働組合の弱体化につながりますので、使用者の行為はこれも後述する労働組合法7条3号の「労働者が労働組合を結成し、若しくは運営することを支配し、若しくはこれに介入すること」にあたるとして、使用者の謝罪と今後の再発防止の救済命令を求めて申し立てを行いました。

　そうすると神奈川県の労働委員会の事務局が、まず不当労働行為制度上の救済を求めるための手続きを某労働組合が経ているか否かを審査します。労働委員会は、労働組合が自主的かつ民主的に組織・運営されているかなど、その資格を審査することになっているのです。審査の結果問題がなければ申し立てを受理します。前にお話しした、法適合組合でないと労働組合法が規定する不当労働行為の救済の手続に参加できないことを思い出してください。

　その後調査が開始され、労使の当事者を呼び出し審問が行われ、両方の主張を聴いたり、証人や書面の証拠などにより、事実関係を確認した上で不当労働行為の成否を審査します。

　審問が終わると、公益委員と呼ばれる人による会議が開かれて、不当労働行為が成立しているか否かと、成立しているとした場合にはどのような救済命令を発するのが妥当かを話し合います。そして救済命令が必要と判断されれば、救済命令を発します。

　ここでもし当事者が、神奈川県労働委員会の決定に不服ならば、これ

も行政機関である**中央労働委員会**（略して中労委）に**再審査請求**を申し立てることもできます。又、労働委員会の決定の取り消しを求めて司法機関である裁判所に**行政訴訟**を提起することもできます。

この行政訴訟とは、刑事事件に対する刑事訴訟、民事事件に対する民事訴訟に対応する行政事件に関する訴訟で、公権力（ここでは労働委員会等）の行使の適法性などを争い、その取消し・変更などを求める訴訟等のことです。

なお、労働委員会は、**使用者委員**、**労働者委員**、**公益委員**の三者構成になっています。

２．不当労働行為の趣旨

まずは、労働組合法の条文を確認しましょう。

長い条文なので、あとで分割して解説しますから、とりあえずさらっと目を通してみてください。

労働組合法第７条（不当労働行為）

使用者は、次の各号に掲げる行為をしてはならない。

1 　労働者が労働組合の組合員であること、労働組合に加入し、若しくはこれを結成しようとしたこと若しくは労働組合の正当な行為をしたことの故をもつて、その労働者を解雇し、その他これに対して不利益な取扱いをすること又は労働者が労働組合に加入せず、若しくは労働組合から脱退することを雇用条件とすること。ただし、労働組合が特定の工場事業場に雇用される労働者の過半数を代表する場合において、その労働者がその労働組合の組合員であることを雇

用条件とする労働協約を締結することを妨げるものではない。

2　使用者が雇用する労働者の代表者と団体交渉をすることを正当な理由がなくて拒むこと。

3　労働者が労働組合を結成し、若しくは運営することを支配し、若しくはこれに介入すること、又は労働組合の運営のための経費の支払につき経理上の援助を与えること。ただし、労働者が労働時間中に時間又は賃金を失うことなく使用者と協議し、又は交渉することを使用者が許すことを妨げるものではなく、かつ、厚生資金又は経済上の不幸若しくは災厄を防止し、若しくは救済するための支出に実際に用いられる福利その他の基金に対する使用者の寄附及び最小限の広さの事務所の供与を除くものとする。

4　労働者が労働委員会に対し使用者がこの条の規定に違反した旨の申立てをしたこと若しくは中央労働委員会に対し第二十七条の十二第一項の規定による命令に対する再審査の申立てをしたこと又は労働委員会がこれらの申立てに係る調査若しくは審問をし、若しくは当事者に和解を勧め、若しくは労働関係調整法（昭和二十一年法律第二十五号）による労働争議の調整をする場合に労働者が証拠を提示し、若しくは発言をしたことを理由として、その労働者を解雇し、その他これに対して不利益な取扱いをすること。

　「不当労働行為」というのは、上記の条文に書かれている行為の総称です。労働組合法には見てお分かりのように不当労働行為についての一般的な定義規定は置いていません。

　後程お話しするように、不利益取扱い、団体交渉拒否、支配介入など

—230—

いくつかの類型に分類されて解説されるのが普通です。

　まず、労働組合法が裁判所とは別個に労働委員会を設置し、不当労働行為救済制度という特別な手続きを設けたのか、その理由から考えてみましょう。

　これには、いくつかの考え方があります。

　使用者が行う対労働組合の妨害行為に対しては、前にお話ししたように司法機関である裁判所に訴えて、行為が無効であることの確認をしてもらうことや、損害が発生していれば損害賠償を求めることは考えられます。しかしながら、裁判所による救済は、一般的に時間がかかりますし、多くのお金も必要とします。

　その上、裁判所の任務は、過去の損害の補填ないし現在の権利義務関係の有無を確定すること、いい方を変えれば過去の出来事の白黒をはっきりさせることですので、少し柔軟性に欠けるところがあります。

　そこで、裁判所とは別に、使用者、労働者ならびに公益を代表する者で組織する労働委員会という行政機関による簡便で、スピーディーでかつ、労使関係の実情に即し、将来に向けての労使関係の正常化を図るのに適した制度として設けられたと考えられます。

　労働組合法の不当労働行為制度と憲法28条による労働三権のなどの保障との関係について、判例は次のように述べています。

●判例紹介●

第二鳩タクシー事件（最判昭52. 2. 23）

法27条に定める労働委員会の救済命令制度は、労働者の団結権及び団体行動権の保障を目的とし、これらの権利を侵害する使用者の一定の行為を不当労働行為として禁止した……規定の実効性を担保するために設けられたもの……使用者による組合活動侵害行為によって生じた状態を右命令によって直接是正することにより正常な、集団的労使関係秩序の迅速な回復、確保を図る……趣旨にでたもの……

最初にお話ししたように、不当労働行為とは、使用者が労働組合や組合員に何かわるいことをした場合のすべてをいうのではなく、労働組合法7条に限定的に定められています。

そしてそれらは、いくつかの類型に分けることができます。

労働組合法7条は不当労働行為を4項目に分けて規定していますが、一般的にはさらに整理して不利益取扱い、団体交渉拒否、支配介入の3類型とするようです。

以下、その類型に従って順を追って解説していきましょう。

3. 不利益取扱い

(1) 不利益取扱いとは

不利益取扱いとは、一般的には使用者が労働者に対し従業員としての地位・身分・職務または労働条件について、解雇・懲戒処分などの不利

益な処分をすることをいいます。

　労働法の領域では、随所に登場してきます。例えば、以下のような内容です。

労働基準法第104条（監督機関に対する申告）

　事業場に、この法律又はこの法律に基いて発する命令に違反する事実がある場合においては、労働者は、その事実を行政官庁又は労働基準監督官に申告することができる。

2　使用者は、前項の申告をしたことを理由として、労働者に対して解雇その他不利益な取扱をしてはならない。

　不当労働行為のこの類型では、労働組合法第7条では、条文上以下のパターンがあげられています。

　　○労働組合の組合員であること

　　○労働組合に加入し、若しくはこれを結成しようとしたこと

　　○労働組合の正当な行為をしたこと

　以上、労働組合法7条1号本文前半、

　　○労働委員会等への救済申し立てをしたこと等

　以上、同法同条4号の「故をもって」ないし「理由として」、「その労働者を解雇し、その他これに対して不利益な取扱いをすること」が不利益取扱いになります。

　ここで、「労働組合に加入し、若しくはこれを結成しようとしたこと」というのは、労働組合を結成とかそれへの加入について、ある種の行動を起こすことを意味します。具体的には仲間である労働者に労働組合の

—233—

必要性を訴えそれへの参加を呼びかけたり、規約草案を作成したり、地域の労働組合に加入について相談に行ったり、労働組合の作り方についてレクチャーを受けるなどの準備行為のことを含みます。

また、「労働組合の正当な行為」とは、本書の中でも随所で触れた正当な団体交渉や団体行動のすべてを含みます。

(2) 不利益取扱いの態様

不利益取扱いの内容は非常に多岐にわたります。具体的には、以下のような例があげられます。

○組合員であることを理由に、昇格、昇給をさせない。

○組合結成のための準備活動をしているので解雇する。

○正当な争議行為をしているにもかかわらず懲戒処分に処する。

○熱心な組合活動家だから、遠隔地に配転する等。

これら、経済上の不利益、組合活動上の不利益の他、仕事を与えない等の精神的不利益、共働きの夫婦の一方だけを遠隔地に転勤させるなどの生活上の不利益なども含まれます。有期労働契約の更新拒絶即ち雇止めなども含まれます。

また、組合員ということで仕事を与えなかったり、職場から仲間はずれになるように仕組むなども含まれる可能性があります。

以下、問題となる点について解説していきましょう。

まず、遠隔地へのいわゆる「ご栄転」などはどうなるのでしょうか。

栄転は場合によっては昇格や昇給を含むという点では、経済的な「不

利益」な取扱いとは、一見いえないような気もします。

　しかしながら組合の活動家を管理職に昇進させて組合員資格を失わせたり、「栄転」と称して組合活動の継続を困難とするような場所に配置転換することは、一般的には労働者に利益となる行為のように見えても、組合活動をできなくするものであれば「不利益取扱い」として不当労働行為に該当すると考えられています。

　配転と不利益取扱いに関しては、高裁のものですが次のような判例があります。

●判例紹介●

西神テトラパック事件（東京高判平11. 12. 22）
（判決の要旨）
　本件配転が不利益なものといえるか否かは、……当該職場における職員制度上の建前や経済的側面のみからこれを判断すべきものではなく、当該職場における従業員の一般的認識に照らしてそれが通常不利益なものと受け止められ、それによって当該職場における組合員らの組合活動意思が委縮し、組合活動一般に対して制約的効果が及ぶようなものであるか否かという観点から判断されるべきものというべきである……

　また、正当なストライキの参加者に対する一時金の控除が、不利益取扱いの不当労働行為にあたるかが問題となりました。
　この点、一時金の算定の基礎となる出勤率の算定においてストライキ

の期間を欠勤扱いとするのは、機械的に通常の欠勤と同一に扱うということであれば、原則不当労働行為にあたらないと解されます。

しかし、次のような判例があるので紹介しておきましょう。

●判例紹介●

西日本重機事件（最判昭58.2.24）
（判決の要旨）
　……（使用者）が右のように出勤率を計算するについてストライキによる不就労を通常の欠勤と同一に取り扱ったのは、（使用者）が前記のように従来従業員による組合結成を嫌忌し、組合員らに……労働組合からの脱退を勧告していた等の事実に徴し、ストライキに対する制裁として行ったものと認められる、というのであり、……　そうすると、右認定の事実関係のもとにおいて、……が本件夏季一時金の算定の基礎となる出勤率を計算するに当たりストライキによる不就労を欠勤として扱った措置は労働組合法七条一号の不当労働行為にあたるとした原審の判断は、結論において正当というべきである……

　労働組合法7条1項によって「労働者が労働組合に加入せず、若しくは労働組合から脱退することを雇用条件とすること」（後でお話しするいわゆる「黄犬契約」）は、不当労働行為として禁止されています。
　それでは、既に組合員であることを理由として採用しないことが不当労働行為にあたるかどうかについてはどうでしょうか。最高裁は、基本的に不当労働行為とはならないとの立場を取っています。

—236—

●判例紹介●

JR北海道・JR貨物事件（最判平15. 12. 22）

（判決の要旨）

　企業者は、経済活動の一環としてする契約締結の自由を有し、自己の営業のために労働者を雇用するに当たり、いかなるものを雇入れるか……原則として自由にこれを決定できるものであり……労働組合法７条１号本文は、雇入れにおける差別的取扱いが前段の類型に含まれる旨を明示的に規定しておらず、雇入れの段階と雇入れ後の段階とに区別を設けたものと解される。そうすると、雇入れの拒否は、それが従前の雇用契約関係における不利益な取扱いにほかならないとして不当労働行為の成立を肯定することができる場合に当たるなどの特段の事情が無い限り、労働組合法７条１号本文にいう不利益な取扱いに当たらないと解するのが相当である……

　この判例は、労働組合法７条１号の前段と後段を分けて、原則として新規採用の拒否は、後段の黄犬契約の禁止に該当する場合にしか不当労働行為にならないという立場をとっていると考えられます。

　判例は、ここでも基本的に「採用の自由」を尊重しています。

　余談かもしれませんが判例が採用の自由を強調するのは、日本では「解雇権濫用の法理」で一旦採用したら解雇が自由にならないことの裏腹ではないかといわれています。

(3) 不当労働行為意思

労働組合法7条には「故をもって」という表現が出てきます。

このことから、「労働組合の組合員であること」等を理由でとか、そのことが原因でとかで不利益取扱いをすることによって不当労働行為が成立すると解されています。このことを一般に、不利益取扱いの不当労働行為の成立には「不当労働行為意思」が必要であるといいます。

ところが「不当労働行為意思」は使用者の内心の問題ですから、直接その有り無しを立証することが困難です。そのため、次のように考えられているようです。

「使用者が、日頃から労働組合を嫌っているとみなされる行動をとっており、組合員に対し、不利益取扱いにあたる事実があった場合に、そのような外部に表れた様々な間接事実から不当労働行為意思を推定し、そのことを覆すような正当理由を使用者が証明できれば不当労働行為は不成立となる。」

また、このような方法が、労働委員会の実務としては採られることが多いとされています。

ここでも余談ですが、法律用語としての「推定」と「みなす」の違いを説明しておきましょう。「みなす」というのは、本来はそうでなくても、法律上、そのようなものとして取扱うということです。事実と違っていても、法律上、「そう」決まってしまっているから基本的に修正ができません。

ところが「推定」するとは、はっきりしないけれども、法律関係や事

—238—

実関係からみて一応の判断を下すことをいいます。ですから、「推定」されたことは、事実と違っている場合に、そのことを証明すれば修正することが可能なのです。

⑷　処分理由の競合

　使用者が当該行為を行った理由が不当労働行為意思にあたるものの、その他にも使用者が主張する処分理由とか動機があった場合を動機の競合とか処分理由の競合の問題といいます。

　例えば、解雇についていえば次のような事例が考えられます。

　使用者が組合活動に熱心である活動家を排除しようと思って、その者の経歴を調査していたら、経歴を詐称していたという事実をみつけたため経歴詐称を理由に解雇したような場合、不当労働行為意思を認定することができるかが問題となるのです。

　この場合、考え方は分かれますが、その企業のそれまでの前例などに照らして、「仮に同じ不正行為を他の同等の地位なり職責の労働者がやった場合、当該企業の前例などに照らし合わせれば解雇されるはずである」といえないならば、不当労働行為を認定すべきということになると考えます。

　判例の考え方はどうかというと、次のようなものがあり、明確ではないと考えられます。

●判例紹介●

大浜炭鉱事件（最判昭24.4.23）

（判決の要旨）

　使用者が労働者のなした労働争議に対する責任を問い、労働組合に弾圧を加え、組合の団結を破壊して、これを弱体化せしめようとの意図のもとに、労働者に対して不利益取扱いをした場合においては、たとえ、右意図の外に組合員の不当怠業行為の責任をも併せて問う意図があったにもせよ、単に不当怠業行為の責任のみを問うて不利益取扱いをした場合とは異なって、労働者が労働組合員であること、もしくは労働組合の正当な行為をしたこと又は労働争議をしたこと等と労働者に対する不利益取扱いとの間には因果関係が存することは明らかである……

●判例紹介●

品川白煉瓦事件（最判昭35.6.24）

（判決の要旨）

　使用者側に反組合的意思があり、……認むべき事実がある場合でも、被解雇者側に別に懲戒解雇に値する事由とくに顕著な懲戒事由がある場合には、使用者側の反組合的意図の実現ということとは無関係に懲戒解雇を断行することはあり得ないことではない……

⑸　第三者による強要

次のような事例を考えてみましょう。

「組合嫌い」の経営者も世の中にはいますから、次のようなことがあったと考えてみてください。

使用者に対して支配的な地位にある取引先であり、かつ、融資もしてもらっている第三者が、まさにこの組合を嫌悪する経営者であったとします。その経営者から、取引契約の解除や融資の打ち切りなどの圧力をかけられ、労働組合の中心的活動家であり、正当な組合活動をしている組合の委員長を解雇するように迫られたとします。

そして、使用者自身は必ずしも組合を嫌っているわけではありませんでしたが、会社存続のためにやむをえないと判断しその委員長を解雇したとします。

この場合解雇したのは、会社の継続が困難であると判断したためであり、組合活動の「故をもって」なされたといえないのではないか、つまり不当労働行為意思を欠いているので不当労働行為は成立しないのではないかが問題となります。

判例ではこういった場合、次のように不当労働行為の成立を肯定しています。

—241—

●判例紹介●

山恵木材事件（最判昭46．6．15）

（判決の要旨）

　（使用者）の被用者である（組合活動家）につき、第三者……が（組合活動家）の正当な組合活動を嫌忌してこれを解雇することを（使用者）に要求し、（使用者）が（第三者）の意図を認識しながら（組合活動家）を解雇したときは、その解雇が、（使用者）において、（第三者）の要求を容れて（組合活動家）を解雇しなければ自己の営業の続行が不可能になるとの判断のもとに、右要求を不当なものとしながら、やむなくしたものであつても、<u>（使用者）に不当労働行為をする意思がなかったとはいえず、その解雇は不当労働行為を構成するものというべきである。</u>

労務屋の横道 ㉘〜組合嫌いの経営者

　仕事柄、多くの経営者の方とお話しすることがあります。

　世の中には、確かに労働組合が嫌いな経営者がおられます。

　でもよくお話をうかがっていると、嫌いといわれる理由には、いくつかのパターンがあります。

　1つ目は、「労働組合は恐ろしい」というパターンです。その方々が想定する労働組合像は、労使の関係を労資の関係ととらえて、使用者（資本家）は自分たちとは絶対に相容れない敵ととら

えて攻撃してくる集団であるというものです。そのような労働組合が現代にも存在するかは疑わしいが、そのように考えている経営者が今でもいらっしゃるのは確かです。

このような経営者には、日本の成熟した労使関係はあなたの想像しているものとは全く異なるということを是非知っていただきたいと思います。

2つ目は、「家族経営でうまくいっている」と考えていらっしゃるパターンです。うちは（当社は）従業員のことを家族同様に思っており、無礼講で風通しもよく労働組合など入る余地はないと思っていらっしゃる。

でも、そのように思われているのは、社長さん、あなただけではないですかといいたくなることもあります。やはり、システムとしての労使の話し合いの場が必要ではないかと思われます。

3つ目は、「従業員も自分の所有物」というパターンです。

自分の金を出して雇ってやっているのに、文句をいってくる労働者ごときなどとんでもないと考えていらっしゃる。

このような経営者では会社経営は絶対にうまくいかないと断言できます。

経営者が、どのような感覚を持っているかは、口に出さなくとも従業員は敏感に感じ取るものだと思います。組合の組織率が上がらない一因はこのようなところにもあるように思われるのです。是非、労働組合に対する誤解を改めて、成熟した健全な労使関係の存在を見直して欲しいと思う今日この頃です。

—243—

⑹　黄犬契約

「労働者が労働組合に加入せず、若しくは労働組合から脱退すること
を雇用条件とすること。」（労働組合法７条１号中段）を黄犬契約といい
不当労働行為の一類型とされています。

　労働組合に加入したとしても積極的に活動はしないと約束することも
含まれると解されます。

　この場合には、労働契約でこのような条件を入れるだけで不当労働行
為となります。現実に不利益取扱いをすることは要件とされていないの
です。組合一般への不加入等にとどまらず、特定組合への不加入等を条
件とすることも含まれます。

　ところで、「黄犬契約」とは変な日本語です。

　この言葉は英語の 'yellow-dog contract' に由来しそれを直訳したた
めにこのような日本語としては訳の分からない言葉になってしまったの
です。'yellow dog' とはどういう意味かというと、「卑劣な裏切り者」
という俗な意味があり、「黄犬」とは、その英語をそのまま漢字で表現
したものなのです。自分の権利を放棄する約束をする労働者の態度を、
臆病でかつ卑屈な黄色の犬にたとえたことに由来するそうです。

４．団体交渉拒否

　前にもお話ししましたが、労働組合にとって団体交渉権は労働三権の
中でも非常に重要な権利です。

　「使用者が雇用する労働者の代表者と団体交渉をすることを正当な理
由がなくて拒むこと。」（労働組合法７条２号）は団体交渉拒否として不

—244—

当労働行為の一類型となります。

　ここには、団体交渉の途中から正当理由なしに拒否することや、形ばかりで不誠実な対応をすることも含まれます。

　では、「正当な理由」とはどういう場合をいうのでしょうか。

　例えば、使用者側が団交を受ける立場にないのに団体交渉の申し入れを受けた場合、団体交渉の議題が団体交渉による解決になじまない場合、団体交渉の日時、場所、出席者など何も決めていない団体交渉要求等があげられます。

　ここで問題ですが、労働者を解雇の後、この解雇された労働者が労働組合をつくり、その解雇をめぐって団体交渉を求めてきました。使用者としては、解雇した労働者とはすでに雇用関係がないので、労働組合法７条２号でいう「雇用する労働者」の代表者とはいえないとして交渉を拒否できるでしょうか。

　この点については、解雇された労働者がその解雇の効力を争っている場合は、雇用関係が消滅したとはいえないと考えられます。ですから、正当な理由なく、解雇をめぐる団体交渉を拒否すると不当労働行為にあたるおそれがあります。

　解雇を不満として団体交渉を申し入れている以上は、解雇された労働者は解雇に応じていないということであり、解雇そのものを交渉事項とする団体交渉には応じる必要があると考えられるのです。

　判例にも次のようなものがあります。

—245—

●判例紹介●

日本鋼管鶴見造船所事件（最判昭61. 7. 15）

（判決要旨）

　解雇後、従業員の地位について裁判で係争し、係争中に<u>解雇から6年10ヶ月を経過して組合に加入しその分会を結成した者について分会結成4日後になされた当該解雇問題に関する団体交渉の申し入れは、時機に遅れたものとはいえず、</u>当該団交を拒否することは不当労働行為に該当するとする……

　<u>団体交渉拒否の不当労働行為は、不利益取扱いと異なり、使用者の不当労働行為意思を必要としません。</u>ですから、労働組合法の規定を知らずに団体交渉を拒否したり、誠実交渉義務というものがあることを知らず不誠実な対応をした場合でも、不当労働行為は成立しますので注意が必要です。

　なお、団体交渉応諾義務の中には、誠実交渉義務が含まれること等については、団体交渉権の章でお話ししましたので、ここでは細部は省略いたします。

5．支配介入

(1)　支配介入とは

　支配介入とは、端的にいいますと労働組合の団結力を弱めるため、<u>労働組合の結成や運営に対して使用者がいろいろな形で主導的な地位に立</u>

—246—

ったり干渉を行うことです。

支配介入は、労働組合法の条文上は以下の規定です（同法７条）。

「労働者が労働組合を結成し、若しくは運営することを支配し、若しくはこれに介入すること」

「労働組合の運営のための経費の支払につき経理上の援助を与えること。（ただし書き以下の例外あり）」

前にお話ししましたように、労働組合は自主性が要求される組織です。

その労働組合の自主性を妨げ、使用者による労働組合の力を弱めようとするような行為、いい方を変えれば労働組合弱体化行為を不当労働行為とするものです。

最も幅が広い不当労働行為の類型といえます。

支配介入の成立には、結果の発生は要件とされていません。ですから労働組合の活動が妨害されたり、組合員が不利益を受けたりすることの原因とか手段となる行為自体が禁止されています。

支配介入には様々な態様があり、例をあげると組合役員の選挙干渉、様々な集会の妨害、組合への誹謗中傷、組合への不加入・脱退の働きかけ、活動家の解雇・配置転換、組合内部の運営方針・人事等への干渉、別の組合の結成への援助、施設利用やチェック・オフの一方的廃止等様々な態様が含まれます。

支配介入は不利益取扱いと重なり合うことが多く、救済申し立ての実際でも、組合は両者の成立を主張する場合が多いようです。

(2) 不当労働行為意思の要否

支配介入に、不当労働行為意思が必要であるか否かが問題となります。条文上は明らかでないからです。

判例には、次のようなものがあります。

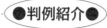

山岡内燃機事件（最判昭29.5.28）
（判決の要旨）
……客観的に組合活動に対する非難と組合活動を理由とする不利益取扱の暗示を含むものと認められる発言により、組合の運営に対し影響を及ぼした事実がある以上、たとえ、発言者にこの点につき主観的認識や目的がなかったとしても、なお労働組合法7条3号にいう組合の運営に対する介入があったものと解するのが相当である……

この判例を読む限りにおいては、不当労働行為の意思は不要であるとも考えられますが、その解釈については争いがあるところです。

判例にも、組合弱体化の意図が推認されると述べた上で不当労働行為を認めたものがあります。（日産自動車＜組合事務所＞事件　最判昭62.5.8）

その後の判例で高裁の判決ですが、次のようなものがあるので紹介しておきましょう。

●判例紹介●

日本アイ・ビー・エム事件（東京高判平17. 2. 24）

（判決の要旨）

　労組法7条3号にいう支配介入の不当労働行為が成立するために
は、使用者側に主観的要件すなわち不当労働行為意思が存することを
要するというべきであるが、この不当労働行為意思とは、直接に組合
弱体化ないし具体的反組合的行為に向けられた積極的意図であること
を要せず、その行為が客観的に組合弱体化ないし反組合的な結果を生
じ、又は生じるおそれがあることの認識、認容があれば足りると解す
べきである。

　確かに労働組合法7条3号が支配介入の意思について何も定めていな
いですから、不当労働行為意思は必要ないとの考え方もあります。

　しかし、前にお話ししましたように支配介入は最も幅が広い不当労働
行為の類型ですから、その意思の無い使用者の行為まで結果論で不当労
働行為とするのは使用者にとって酷ではないかと思われます。

　又、支配介入が使用者の人事権の行使や言論活動による場合には、正
当な権利行使と支配介入とを区別する必要があります。その際にはこの
不当労働行為意思の存否が重要な判断要素となると考えます。極端な例
を出すと、組合の結成が、使用者が知らない内に進められていて、たま
たまその活動家を遠隔地に配転させたような場合が考えられます。

　以上の点から、支配介入の不当労働行為の成立には不当労働行為意思
が必要だと考えます。

労務屋の横道 ㉙〜不当労働行為意思

　本文では、支配介入の場合もその成立には不当労働行為意思が必要だとお話ししました。私の経験を踏まえても、この見解に賛成です。

　私は、そして多くの労務を担当する方々も、組合を「敵」だとは考えていません。むしろ立場が異なるだけで、職場のことを考えて意見交換をする良きパートナーだと考えています。

　そして、労働組合の役員の方のなかにも、その考えに共感してくださる方も多いと思われます。

　ですから、例えば労働組合のことを思って労働組合の役員の方に諸々アドバイスすることも「支配介入」だということになると、私は過去に不当労働行為まがいのことを多くやってきたことになりかねないのです。

　断っておきますが、その際、組合を誹謗中傷する意思も組合弱体化を意図したことも一切ありません。専ら、より良き労働組合になってもらいたい、立派な労働組合の役員になってもらいたいという気持ちからです。

　勿論、労働組合の役員の方々からの私どもにいただくアドバイスにも素直に耳を傾け、感謝した経験もあることを付け加えておきたいと思います。

　皆さん、こういう労使関係は労働組合法違反でしょうか？

—250—

(3) 支配介入の主体

　支配介入の不当労働行為ではとりわけ行為の主体ということが問題になります。なぜなら、法律が定める責任の主体である「使用者」と「現実の行為者」が同一でない場合が多いのです。そこでその現実に行われた行為が使用者の責任であるといえるか否かが問題となるのです。

　勿論、経営者と呼ばれる、例えば代表取締役や取締役などが、直接組合からの脱退の勧奨等を行えば、支配介入の不当労働行為と認められます。でも実際は、そのような形態は少なく、それより下位の職制の行動が問題となる場面が多いと思われます。

　そこで中間管理職、例えば部長とか課長の行為であっても、使用者から命令を受けていた場合や、使用者と連絡を取り合ったりして行う場合は、使用者の行為とみなされるでしょう。

　次のような判例もあります。

●判例紹介●

中労委（JR東海（新幹線・科長脱退勧奨））事件（最判平18. 12. 8）
（判決の要旨）
　労働組合法2条1号所定の使用者の利益代表者に近接する職制上の地位にある者が使用者の意を体して労働組合に対する支配介入を行った場合には、使用者との間で具体的な意思の連絡がなくとも、当該支配介入をもって使用者の不当労働行為と評価することができる……

—251—

この判例は、「利益代表者に近接する職制上の地位にある者」の場合ですが、下級職制については「使用者の意を体した」だけでは足りず、何らかの使用者との意思の連絡などがある場合に限られると解されます。

(4) 使用者による意見表明と言論の自由

労働組合のあり方や活動に関して使用者が意見を述べることは、支配介入にあたるでしょうか。というのは使用者にも憲法21条により言論の自由が認められているからです。しかも言論の自由は、憲法19条の思想・良心の自由と並ぶ最も重要な人権の1つである表現の自由の中心的なものだからです。そのことから憲法28条（労働三権）との調和的な解決が必要になります。

> **憲法第19条**（思想及び良心の自由）
> 　思想及び良心の自由は、これを侵してはならない。

> **憲法第21条**（集会、結社及び表現の自由と通信秘密の保護）
> 　集会、結社及び言論、出版その他一切の表現の自由は、これを保障する。

この点に関しては、次の判例があります。

●判例紹介●

プリマハム事件（最判昭57.9.10）

（判決の要旨）

　……使用者だからといって憲法21条に掲げる言論の自由が否定されるいわれがないことはもちろんであるが、憲法28条の団結権を侵害してならないという制約を受けることは免れず、使用者の言論が組合の結成、運営にわたる場合は不当労働行為として禁止の対象となると解すべきである。これを具体的にいえば、組合に対する使用者の言論が不当労働行為に該当するかどうかは、言論の内容、発表の手段、方法、発表の時期、発表者の地位、身分、言論発表の与える影響などを総合して判断し、当該言論が組合員に対し威嚇的効果を与え、組合の組織、運営に現実に影響を及ぼすような場合はもちろん、一般的に影響を及ぼす可能性のある場合も支配介入となる……

　判例上は、発言の内容、そのときの状況、組合運営や活動への影響、推認される使用者の意図などを総合して支配介入を判断していると解されます。

　次のような通達もありますので、参考にしてください。

旧労働省通達昭和32．1．14発労第1号

　支配介入については、不利益取扱いの場合と異なって、具体的に何をもって支配介入と解するか、争いの多いところである。特に、使用者の言論の自由との関係については問題が多い。使用者の正当な言論の自由の行使は、結果的に労働組合の結成運営について影響があったとしても、これをもって、不当労働行為とはいえない。特に不当な威圧や利益誘導を伴う内部干渉にわたらない限り、使用者が労働組合の事情を調査し、あるいは労働組合もしくは組合員に対し、自己の所信を述べ、労働組合の主張を反駁したり、その非を指摘したり批判することは、何らこれを禁止すべき理由がない。法は、決して労働組合の神聖不可侵を規定しているのではなく、団体交渉の相手方としての既述の範囲における正当な自主性を保障しているのである。

(5)　使用者による施設管理権の行使

　日本の労働組合が、多くは企業別組合であることから、組合活動（例えば組合集会等）も会社内で行うことが便利なこともあって、会社施設の利用をめぐる問題が発生しやすいのです。

　皆さんも会社の施設は自分の家同様に考えている方もいらっしゃると思います。

　ところが法律的には、使用者は所有権とか施設管理権という権利を持っています。そこで使用者がその施設管理権に基づいて、企業内施設を組合活動のために認めないことが支配介入にあたるかが問題となります。

具体的には、使用者が組合による会社施設の利用を許可しないとか、組合が施設を使用している最中に退去命令を出すといった行為が問題になります。

判例は、次のような判断をしています。

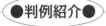

オリエンタルモーター事件（最判平成7.9.8）
（判決の要旨）
……企業施設の利用を……許諾するかどうかは原則として使用者の自由な判断にゆだねられており、……（施設管理権）の濫用であると認められるような特段の事情がある場合を除いて、使用者が利用を許諾しないからといって直ちに団結権を侵害し、不当労働行為を構成するということはできない……

(6) 大量査定差別

支配介入でもあり、不利益取扱いにも該当する複合行為の態様として以下のようなものがあります。

使用者が、組合員である従業員によくない印象をもっており、成績査定などで低い査定をすることがその1つとしてあげられます。

このように使用者が、組合の弱体化を図って、昇格、昇給、ボーナス査定等の人事考課で、少数組合の組合員全員を差別し、査定を低くした等と争われる事例にどのように対処するかが問題となります。

この場合、人事考課の査定というのは、企業内部で公開されずに行われることが多いことから、この点を個々の組合員ごとに、労働組合側が立証して争うことは非常に難しいといえます。

そこで労働委員会の実務では「大量観察法式」という審理の方式を取り入れ、上記の困難を軽減させる試みが行われてきました。

大量観察法式とは最初に、当該労働組合の組合員の昇格や昇給等に関わる査定の結果が他の労働組合の組合員または未組織の労働者の査定結果と比較して全体的に低位にあるかどうかをみます。次に、使用者が過去において当該労働組合を嫌悪する態度をとる等組合弱体化の動きがあったかどうかをみます。

両者について一応の立証がなされると、使用者の不当労働行為意思に基づく差別的な査定によって賃金格差等が生じたということが一応推定されることになります。

これに対し使用者は、賃金格差が合理的な理由に基づいて生じたものであることを立証しなければなりません。使用者が合理性を証明しないかぎり、不当労働行為の成立が認められることになるのです。これによって簡易で迅速な救済を図ることが可能となります。

この点について判例は次のようにいっています。

判旨にあるように、基本的には、全体として比較することで足りるという方式なので、本判決は「大量観察法式」を肯定したものといえます。但し、これは、「大量」の語が示すように、量的に比較可能な2つの集団がある場合は有効ですが、規模の小さな案件では採用は難しいと

考えられます。

```
●判例紹介●
```

紅屋商事事件（最判昭61．1．24）

（判決の要旨）

　……組合員らとそれ以外の者らとの勤務成績等に全体として差異が
なかったものというべきである。他方、本件各賞与における人事考課
率を……組合員らとそれ以外の者らとの間で比較してみると、その間
に全体として顕著な差異を生じていることが明らかである。そして、
これらの事実に……（使用者）において同組合を嫌悪し同組合員を
……差別する行動を繰り返していること……事実を合わせ考えると、
（不利益取扱い）及び（支配介入）の不当労働行為の成立を是認でき
る。

⑺　複数組合主義と団体交渉

①基本となる考え方

　前にお話ししましたように、現行法上、日本では複数組合主義をとっ
ています。各労働組合は組合員数の多少にかかわらず使用者に対して平
等な権利を持っており、団体交渉を要求する権利と労働協約を締結する
権利を持っています。

　この点については、次の判例があります。

●判例紹介●

日産自動車事件（最判昭60. 4. 23）

（判決の要旨）

　……単に団体交渉の場面に限らず、すべての場面で使用者は各組合に対し、中立的態度を保持し、その団結権を平等に承認、尊重すべきものであり、各組合の性格、傾向や従来の運動路線のいかんによって差別的な取扱いをすることは許されない。

　……複数組合併存下においては、使用者に各組合との対応に関して平等取扱い、中立義務が課せられているとしても、各組合の組織力、交渉力に応じた合理的、合目的的な対応をすることが右義務に反するものとみなされるべきではない……

　この判例の前段では、組合の性格・傾向・運動路線による差別は許されないとの原則を示しています。

　他方後段では、複数の組合があって、1つは、大多数が組合員である圧倒的な組織率を持っており（多数組合）、もう1つは、組合員の少ない極々小さな組合（少数組合）であるような場合、使用者としてはまず多数組合の労働組合との交渉に重点を置くのがもっともであるし、事実上もそうせざるを得ないといっていると考えられます。実務経験からいってもその通りだと思われます。

　こうして、複数の団体交渉と労働条件の統一の必要性のバランスをとっていると思われます。

　しかしこの判例は、個別事案の結論としては、「当該交渉事項につい

—258—

ては既に当該組合に対する団結権の否認ないし同組合に対する嫌悪の意
図が決定的動機となって行われた行為であり、当該団体交渉がそのよう
な既成事実を維持するために形式的に行われているものと認められる特
段の事情がある場合には、右団体交渉の結果としてとられている使用者
の行為についても労組法7条3号の不当労働行為が成立する。」とした
案件であったことをお断りしておきます。

　同一事業場内に複数の労働組合が存在するときには、不当労働行為が
よく発生するといわれます。
　使用者からみても、複数組合にどのように対処すべきが法的に明確に
なっていないところにも原因がありそうです。

　複数組合でよく問題になるのは、使用者が出した前提条件に応ずるか
否かによって生ずる差異です。
　このような事例があります。
　圧倒的多数を占める組合とごく少数の組合がある場合に、使用者がそ
の双方の組合と交渉している状態です。使用者が両方の組合に対し、
「生産性向上に協力する」との書面を出せば一時金を当初の提案額への
上積み支給するとの条件を出しました。多数派の方はそれを受け入れて
妥決し一時金が支給されたが、少数派は拒否したため妥決しなかったと
いう場合です。
　このような場合、少数組合に対する不当労働行為は成立するのでしょ
うか。

—259—

判例は次のように述べています。

●判例紹介●

日本メール・オーダー事件（最判昭59．5．29）

（判決の要旨）

（生産性向上に協力する）が提示されるに至った経緯、状況及び右前提条件の内容等……を総合すると、（少数組合）において本件前提条件の受諾を拒絶して団体交渉を決裂させるのやむなきに至り、その結果、（少数組合）所属の組合員が一時金の支給を受けることができなくなったことについては、（使用者）において、……合理性を是認しえず、したがって（少数組合）の受け入れることのできないような前提条件を、（少数組合）が受諾しないであろうことを予測しえたにもかかわらずあえて提案し、これに固執したことに原因があるといわねばならず、……（使用者）の右行為は、これを全体としてみた場合には、（少数組合）に所属している組合員を、そのこと故に差別し、これによって（少数組合）の内部に動揺を生じさせ、ひいて（少数組合）の組織を弱体化させようとの意図の下に行われたものとして、労働組合法7条1号及び3号の不当労働行為を構成するものというべきである。

②併存組合に対する便宜供与についての差別

　使用者の複数組合下での中立を保持する義務は便宜供与にも及ぶと考えられます。

併存組合に対する便宜供与（ここでは事務所や掲示板の貸与）につい
て判例は次のように述べています。

●判例紹介●

日産自動車事件（最判昭62．5．8）
（判決の要旨）

　<u>使用者の中立保持義務は、組合事務所の貸与といういわゆる便宜供</u>
<u>与の場面においても異なるものではなく</u>、……使用者が、一方の組合
に組合事務所を貸与しておきながら、他方の組合に対して一切貸与を
拒否することは、そのように両組合に対する取扱いを異にする合理的
な理由が存在しない限り、他方の組合の活動力を低下させその弱体化
を図ろうとする意図を推認させるものとして、労働組合法7条3号の
不当労働行為に該当する……

●判例紹介●

日本チバガイギー事件（最判平1．1．19）
（判決の要旨）

　組合及び訴外組合に対し、同一の組合掲示板の貸与条件を提示し、
これを拒否した組合に貸与しなかったとしても、同条件が受け入れら
れないような不合理なものとはいえず、不当労働行為ではないとした
……の判断は、是認できる。

—261—

6. 不当労働行為の救済手続き

(1) 初審手続（都道府県労働委員会）

労働者や労働組合は、都道府県の労働委員会（昔は地方労働委員会、略して地労委といっていました）に対して、不当労働行為の救済申し立てをすることができます。

労働委員会というのは、労使間の集団的な紛争を専門的に解決することを目的とする行政機関（独立行政委員会）です。

ここでの独立行政委員会とは、特定の行政について、内閣等から独立した地位において、その職務を行う合議制の行政機関のことをいいます。行政的権限のほかに、準司法的権限等をも併せ持つ場合が多くあります。

司法機関（裁判所）に似た響きがありますが、そうではありません。

厚生労働大臣の所轄のもと「中央労働委員会」略して中労委、各都道府県の機関として「都道府県労働委員会」略して都道府県労委とがあります。主に、いままで説明してきた労働組合法に基づく不当労働行為事件の処理と、労働関係調整法に基づく争議の調整を行います。

後者（争議の調整）については後程、章を改めて解説します。

労働委員会の構成に関しては、労働組合法に規定があり、三者構成が特徴です。

労働組合法第19条（労働委員会）

　労働委員会は、使用者を代表する者（以下「使用者委員」という。）、労働者を代表する者（以下「労働者委員」という。）及び公益を代表する者（以下「公益委員」という。）各同数をもつて組織する。

　ここで、使用者委員は、使用者団体が推薦し、労働者委員は、労働組合が推薦します。又、公益委員は使用者委員と労働者委員の同意をえた者のなかから選ばれ、学者や弁護士等で構成されます。

　これらの労働委員会の委員には、労使関係に関する知識・経験は期待されていますが、法律の専門家である必要はありません。

　労働委員会は、先ほどお話しした独立行政委員会ですので、所轄の厚生労働大臣や都道府県知事の指揮命令を受けずに権限を行使することができます。

⑵　不当労働行為事件の審査の手続

　この点については、以下の条文があります。

労働組合法第27条（不当労働行為事件の審査の開始）

　労働委員会は、使用者が第七条の規定に違反した旨の申立てを受けたときは、遅滞なく調査を行い、必要があると認めたときは、当該申立てが理由があるかどうかについて審問を行わなければならない。この場合において、審問の手続においては、当該使用者及び申立人に対し、証拠を提出し、証人に反対尋問をする充分な機会が与えられなければならない。

> **労働組合法第27条の12（救済命令等）**
>
> 　労働委員会は、事件が命令を発するのに熟したときは、事実の認定をし、この認定に基づいて、申立人の請求に係る救済の全部若しくは一部を認容し、又は申立てを棄却する命令（以下「救済命令等」という。）を発しなければならない。
>
> 2　調査又は審問を行う手続に参与する使用者委員及び労働者委員は、労働委員会が救済命令等を発しようとする場合は、意見を述べることができる。

　労働委員会では、労使の参与委員の協力を得て、双方の主張をとりなしたり、双方が話合ったりして、合意に達すれば和解協定が締結され、事件は解決します。救済命令等は公益委員の合議を経て行われます。

　なお、実際の場面では、調査や審問（「審査」）の過程で、労使間で話合いによる解決の機運が生じた場合には、審査委員は労使双方に「和解」を勧めます。事件のほとんどが和解で終わるようです。和解制度が平成16年に導入されたのも、労使関係は一時的なものではなく、継続性を有するものなので、命令により白黒の決着をつけるより、当事者の合意という和解の方が望ましいとの考えが背景にあると思われます。

> **労働組合法第27条の14（和解）**
>
> 　労働委員会は、審査の途中において、いつでも、当事者に和解を勧めることができる。

　ここで和解とは、当事者間に存在する法律関係の争いについて、当事者が互いに譲り合い、争いを止める合意をすることをいいます。

—264—

⑶　不当労働行為の申立期間

この点については、次のような労働組合法に規定と判例があります。

労働組合法第27条（不当労働行為事件の審査の開始）
　　　　　　　　　　　　　　⋮

2　労働委員会は、前項の申立てが、行為の日（継続する行為にあつ
　てはその終了した日）から一年を経過した事件に係るものであると
　きは、これを受けることができない。

「継続する行為」に関して問題となるのは、例えば使用者が昇給等の
査定で差別を行った場合、その昇給等の時点で不当労働行為は完結した
とみるべきでしょうか、それともその査定に基づく月々の賃金の支払を
「継続する行為」と考え得るでしょうかという点です。

　　　　　●判例紹介●

紅屋商事事件（最判平3.6.4）

（判決の要旨）

　……査定とこれに基づく毎月の賃金の支払いとは一体として一個の
不当労働行為をなすものとみるべきである。そうすると、右査定に基
づく賃金が支払われている限り不当労働行為は継続することになるか
ら、……救済の申し立てが……賃金の最後の支払いの時から一年以内
になされたときは、……労働組合法27条2項の定める期間内にされた
ものとして適法というべきである。

　この判例をより具体的に説明すると、4月に行われた査定において差

—265—

別があったという申し立ては、当該年度の終わりの翌年3月の賃金支払い日から1年以内なら可能である、ということになります。

　⑷　救済命令の種別

　前にお話ししましたように、行政機関である労働委員会は、司法機関である裁判所とは違って、個々の事件の内容に応じて柔軟で適切であると考えられる救済命令を出す権限があります。

　申立てに理由があると認める場合は救済命令を出しますし、理由が無いと認められる場合は棄却命令を、それぞれ書面で発します。命令書には理由即ち認定した事実と法律上の根拠も記載しなければなりません。

労働組合法第27条の12（救済命令等）
　労働委員会は、事件が命令を発するのに熟したときは、事実の認定をし、この認定に基づいて、申立人の請求に係る救済の全部若しくは一部を認容し、又は申立てを棄却する命令（以下「救済命令等」という。）を発しなければならない。
　　　　　　　　　　　　　　　⋮
3　第一項の事実の認定及び救済命令等は、書面によるものとし、その写しを使用者及び申立人に交付しなければならない。
4　救済命令等は、交付の日から効力を生ずる。

　具体的によく発せられる命令をあげておきます。

　不利益取扱いにあたるとされる解雇の案件では、原職復帰命令とか、解雇されていた期間中の賃金相当額の支払い命令（バックペイといいます）等が出されます。

—266—

団体交渉拒否に該当する案件では、「この事項について誠実に団体交渉せよ」といった誠実交渉命令、特定の理由による交渉拒否を禁止する命令等が発せられます。

　さらに、支配介入に該当する案件では、そこで問題とされた具体的な支配介入行為の禁止命令を発したり、ポスト・ノーティスといって、「（使用者は、当該行為を）もういたしません」といった内容の文書の掲示命令等があります。

　この点、判例は次のように述べています。

●判例紹介●

第二鳩タクシー事件（最判昭52．2．23）

（判決の要旨）

　……労働委員会という行政機関による救済命令の方式を採用したのは、使用者による組合活動侵害行為によって生じた状態を右命令によって直接是正……労使関係について専門的知識経験を有する労働委員会に対し、その裁量により、個々の事案に応じた適切な是正措置を決定し、これを命ずる権限をゆだねる趣旨に出たものと解され……裁判所は、労働委員会の右裁量権を尊重し、その行使が右の趣旨、目的に照らして是認される範囲を超え、又は著しく不合理であって濫用にわたると認められるものでない限り、当該命令を違法とすべきではない……

(5) 救済命令の限界

　どのような救済命令を発するかについて労働委員会は広い裁量権を持っているのですが、労働委員会をもってしても、その権限が無制限にあるわけではありません。この制度の趣旨・目的に照らして一定の限界があるとされます。

　例えば、労働者が損失を被ったとしても、その補填自体は不当労働行為制度の目的外のことなので、労働委員会としては使用者に対して損害賠償を命令することはできないと考えられています。

　こうした救済命令の限界に関して、判例も次のように述べています。

●判例紹介●

ネスレ日本（東京・島田）事件（最判平7.2.23）
（判決の要旨）
　労働委員会は、救済命令を発するに当たり、その内容の決定について広い裁量権を有するものであることはいうまでもないが、不当労働行為によって発生した侵害状態を除去、是正し、正常な集団的労使関係秩序の迅速な回復、確保を図るという救済命令制度の本来の趣旨、目的に由来する限界を逸脱することが許されないこと……救済命令の内容の適法性が争われる場合、裁判所は、労働委員会の右裁量権を尊重すべきではあるが、その行使が右是認される範囲を超え、又は著しく不合理であって濫用にわたると認められるときには、当該命令を違法と判断せざるを得ない……

次に、具体的にこの点について紹介していきましょう。

①バックペイと中間収入の控除

　解雇の措置が不当労働行為にあたる場合で、労働委員会が原職復帰と
バックペイを命じる場合、「中間収入」という解雇された労働者が解雇
されていた期間中に他の仕事をすることによって得た収入を、バックペ
イの額から控除すべきかどうかが問題となりました。

　それまで労働委員会は、中間収入をバックペイから差し引かないとの
態度を一貫してとってきました。

　ここで、バックペイ（back pay）とは、不当解雇など解雇が無効の
場合、使用者は労働者に対し、解雇時以降の給料を支払う義務があるこ
とをいいます。この点に関する判例を紹介しましょう。

●判例紹介●

第二鳩タクシー事件（最判昭52. 2. 23）
（判決の要旨）

　労働委員会が不当労働行為により解雇された労働者の救済命令にお
いて解雇期間中の得べかりし賃金相当額の遡及支払を命ずる場合に、
被解雇者が右期間中他の職に就いて収入を得ていたときは、労働委員
会は、解雇により被解雇者の受けた個人的被害の救済の観点のみから
右他収入額を機械的にそのまま控除すべきではなく、右解雇が使用者
の事業所における労働者らの組合活動一般に対して与えた侵害を除去
し正常な集団的労使関係秩序を回復、確保するという観点をもあわせ

考慮して、合理的裁量により、右他収入の控除の要否及びその程度を
決定しなければならない……不当労働行為によって解雇された労働者
がタクシー運転手であって、解雇後比較的短期間内に他のタクシー会
社に運転手として雇用されて従前の賃金額に近い収入を得ており、ま
た、タクシー運転手の同業他社への転職が当時比較的頻繁かつ容易で
あったことなどにより、解雇による被解雇者の打撃が軽少で、当該事
業所における労働者らの組合活動意思に対する制約的効果にも通常の
場合とかなり異なるものがあったなど判示の事情がある場合には、右
他収入の控除を全く不問に付して賃金相当額全額の遡及支払を命じた
労働委員会の救済命令は、特段の理由のない限り、裁量権行使の合理
的な限度を超えるものとして、違法である……

　判決要旨にしては長くなりましたが、要するに、バックペイの金額を
決定する場合は、以下の2つの点を総合的に考慮しなければならないと
したわけです。1つは解雇された労働者個人が被ったであろう経済的損
失の補てんであり、2つ目は組合活動一般に対する侵害を除去するとい
う点です。前者の労働者個人が被ったであろう経済的損失の補てんの観
点からすれば、中間収入を控除すべきですが、後者の組合活動一般に対
する侵害を除去するという観点からすれば中間収入を控除しないという
選択の余地もあるということになります。

②ポスト・ノーティス
　ポスト・ノーティスとは、労働委員会の本来の救済内容を書いた命令
書または労働委員会が命じる内容の文章（不当労働行為の事実を認め、

かつ今後そのような行為をしないとの意を述べた陳謝文のような内容）を労働委員会の指定する場所に掲示するよう使用者に命じることです。

　ここで、不当労働行為を「深く反省」とか「謝罪」し、以後繰り返さないことを「誓約」するとかの文言が、使用者の思想良心の自由を侵すことにならないかが問題となります。

憲法第19条（思想及び良心の自由）

　思想及び良心の自由は、これを侵してはならない。

　この点については次の判例があります。

●判例紹介●

高津中央病院事件（最判平2.3.6）
（判決の要旨）

　右ポスト・ノーティス命令が、労働委員会によって……の行為が不当労働行為と認定されたことを関係者に周知徹底させ、同種行為の再発を抑制しようとする趣旨のものであることは明らかである。右掲示文には「深く反省する」「誓約します」などの文言が用いられているが、同種行為を繰り返さない旨の約束文言を強調する意味を有するにすぎないものであり、……に対し反省等の意思表明を要求することは、右命令の本旨とするところではないと解される。してみると、右命令は……に対し反省等の意思表明を強制するものであるとの見解を前提とする憲法19条違反の主張は、その前提を欠くというべきである。

③抽象的不作為命令

将来にわたって、一般的で包括的な禁止を内容とする命令のことを「抽象的不作為命令」といいます。

たとえば、「労働組合の運営に支配介入してはならない」という命令が出されても、どのような行為が禁止されるのか特定ができず、使用者の義務の内容があまりに不確定であるとして違法となると解されます。

ただし、以下の判例に留意してください。

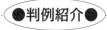

栃木化成事件（最判昭37. 10. 9）
（判決の要旨）
　成否未定の将来の不当労働行為を事前に禁止する救済命令であつても、当該不当労働行為がさきになされた不当労働行為と同種若しくは類似のものであつて、審問終結当時その発生のおそれがあると認められる場合には、違法でないと解するのが相当である……

(6) 救済の必要性

不当労働行為が一旦成立していたとしても、命令を出す時点で労使関係が正常にもどっている場合には、救済の必要性（救済利益といいます）がもうないということで救済申し立てを棄却します。

なぜなら、不当労働行為制度は、使用者の過去の行為に制裁を科すことが目的ではないからです。

⑺ 中労委（再審査）手続

　都道府県労働委員会の救済命令・棄却命令等により不利益を受けたと考える当事者には次の**再審査**の手続きがあります。

労働組合法第27条の15（再審査の申立て）

　使用者は、都道府県労働委員会の救済命令等の交付を受けたときは、<u>十五日以内</u>（天災その他この期間内に再審査の申立てをしなかったことについてやむを得ない理由があるときは、その理由がやんだ日の翌日から起算して一週間以内）に中央労働委員会に再審査の申立てをすることができる。ただし、この申立ては、救済命令等の効力を停止せず、救済命令等は、中央労働委員会が第二十五条第二項の規定による再審査の結果、これを取り消し、又は変更したときは、その効力を失う。

２　前項の規定は、労働組合又は労働者が中央労働委員会に対して行う再審査の申立てについて準用する。

　中央労働委員会の権限は次のとおりです。

労働組合法第25条（中央労働委員会の管轄等）

　　　　　　　　　　　　　　　　⋮

２　中央労働委員会は、第五条第一項、第十一条第一項及び第二十七条の十二第一項の規定による都道府県労働委員会の処分を取り消し、承認し、若しくは変更する完全な権限をもつて再審査し、又はその処分に対する再審査の申立てを却下することができる。この再

審査は、都道府県労働委員会の処分の当事者のいずれか一方の申立てに基づいて、又は職権で、行うものとする。

再審査の手続きは初審とほぼ同一であり、前にお話しした救済命令の内容やその限界については、中央労働委員会の命令の場合にもあてはまります。

また、これも前にお話ししましたように、都道府県労働委員会とか中央労働委員会の発する命令は、あくまで行政府の出す行政処分です。

法律問題の最終判断は、司法府である裁判所に留保されています。

憲法第76条（司法権の機関と裁判官の職務上の独立）
　すべて司法権は、最高裁判所及び法律の定めるところにより設置する下級裁判所に属する。
2　特別裁判所は、これを設置することができない。行政機関は、終審として裁判を行ふことができない。

ですから、都道府県労働委員会や中央労働委員会の発する命令に不服がある場合、当事者は、**行政事件訴訟法**という法律に基づいて取消訴訟を提起できます。この場合、中央労働委員会への再審査請求を経ないで、直接都道府県労働委員会の命令について取消訴訟を提起することもできます。又、再審査の申し立てと取消訴訟の提起を同時に行うこともできます。

そのため、すべての段階を踏まえると、東京都の案件でいえば、「都労働委員会→中央労働委員会→東京地方裁判所→東京高等裁判所→最高

—274—

裁判所」となり、まさに五審制もありうることになります。このこと
は、慎重な対応がなされるという反面、紛争の終局的な解決に至るまで
長期間かかる可能性があることを意味します。

　そのようなこともあって、繰り返しになりますが、判例は次のように
述べています。

●判例紹介●

第二鳩タクシー事件（最判昭52. 2. 23）
（判決の要旨）
　労働委員会に広い裁量権を与えた趣旨に徴すると、……裁判所は、
労働委員会の右裁量権を尊重し、その行使が右の趣旨、目的に照らし
て是認される範囲を超え、又は著しく不合理であって濫用にわたると
認められるものでない限り、当該命令を違法とすべきではない……

第7章　争議調整

1．自主的調整の原則
2．労働争議の定義
3．争議調整手続き

1．自主的調整の原則

　不当労働行為の救済の他、労働委員会のもう１つ重要な任務に労働争議の調整があります。

　この点について、ここで触れさせてもらいましょう。

　争議行為（端的にはストライキ）などということになりますと、使用者は生産・販売等の中止を余儀なくされます。他方労働者は、生活の糧である賃金を失うことになります。どちらにとっても好ましい状態ではないわけです。ですから、争議は迅速かつ平和的に解決する方が、労使双方にとって利益になります。それがひいては社会全体にとっても望ましいことと考えられます。

　そこで、国等による争議調整について定めているのが、労働関係調整法という法律です。

　その第１条には次のように、この法律の目的が示されています。

労働関係調整法第１条

　この法律は、労働組合法と相俟つて、労働関係の公正な調整を図り、労働争議を予防し、又は解決して、産業の平和を維持し、もって経済の興隆に寄与することを目的とする。

　ただ、次のようにも規定しています。

労働関係調整法第２条

　労働関係の当事者は、互に労働関係を適正化するやうに、労働協約中に、常に労働関係の調整を図るための正規の機関の設置及びその運営に関する事項を定めるやうに、且つ労働争議が発生したときは、誠意をもつて自主的にこれを解決するやうに、特に努力しなければならない。

労働関係調整法第３条

　政府は、労働関係に関する主張が一致しない場合に、労働関係の当事者が、これを自主的に調整することに対し助力を与へ、これによつて争議行為をできるだけ防止することに努めなければならない。

　労使間の紛争は、当事者の自主的な話合いによって解決するのが最も望ましい姿です。

　しかし、事案によっては話合いがまとまらず、自主的に解決することが困難になることがあります。そのような場合に労働委員会という公の機関が労使の間に入って、公正・中立な立場から双方の主張を調整し、労働争議の早期かつ平和的解決に助力することを「労働争議の調整」といいます。

　その手続き、方法等が規定されているのが労働関係調整法なのです。

　このように労使紛争の解決は、あくまで労使関係の当事者が自主的に解決するのを第一義として、国はそれに助力するとの原則にたっていることを自主的調整の原則等といいます。

2．労働争議の定義

同法には、労働争議の定義規定があります。

労働関係調整法第6条

この法律において労働争議とは、労働関係の当事者間において、労働関係に関する主張が一致しないで、そのために争議行為が発生してゐる状態又は発生する虞がある状態をいふ。

労働関係調整法第7条

この法律において争議行為とは、同盟罷業、怠業、作業所閉鎖その他労働関係の当事者が、その主張を貫徹することを目的として行ふ行為及びこれに対抗する行為であつて、業務の正常な運営を阻害するものをいふ。

ここには、作業所閉鎖のように、憲法28条が保障していない使用者の争議行為も含まれていることから、前にもお話ししましたように憲法28条の保障している団体行動権の内の争議行為を定義したものではなく、あくまで労働関係調整法による争議の調整の対象になるものは何かという視点から定義したものであると解されています。

3．争議調整手続き

労働委員会が扱う労働争議の調整には、あっせん・調停・仲裁の3つがあります。調整は原則として当事者の申請により開始されます。順に紹介していきますが、ここからは条文を羅列しても無味乾燥となりますから、主要な内容を要約して解説していきましょう。

⑴　あっせん

　あっせんについては、「労働関係調整法第二章　斡旋」に規定があります（同法10条〜16条）。

　あっせんは、３つの調整手法のうち最も簡便で利用しやすいものといわれ、あっせん員が当事者間の間にたって、双方の主張の要点を確認し、事件の解決に努めるものです。

　あっせんは、労働組合だけでなく当事者の一方または双方の申請書の提出によって開始されますが、ときには労働委員会の会長の職権で開始されます。これを職権あっせんといいます。職権あっせんは、病院や私鉄の争議のように、人命や社会に大きな影響を与える場合などに行われます。

　その実態は、多くは労働組合からの申請が多いようです。

　労働者個人での申請はできません。これは調停・仲裁についても同様です。争議調整手続きは、労働組合等が当事者となる、団体的労使関係上の紛争に限られているからです。

　あっせんの場合、相手方（例えば労働組合の申請の場合の使用者）は、あっせんに応じる法的義務はありません。「自分は、そんな所に出向くつもりは無い」ということも通用するのです。労働組合からの申請の例でいえば、使用者が応じなければ、あっせんは終了します。

　当事者からあっせんが申請されると、会長は、あっせん員候補者の中からあっせん員を指名します。

あっせんは、調停や仲裁の手続きと異なり、あっせん員が適宜・柔軟に進めることができます。あっせん作業に入ってからでも、あっせん案の提示に至らない内に終了することもあります。

　更に、あっせん案が提示されたとしても、それを受け入れるか否かは当事者の自由です。「結論に納得がいかないから受け入れない」ということができるのです。

　あっせん員は、自分の手では事件の解決が見込めないときは、あっせんを打ち切って事件から手を引き、その事件の要点を労働委員会に報告しなければなりません。

(2)　調　停

　調停に関しては、「労働関係調整法第三章　調停」（同法17条〜28条）に規定があります。

　調停は、よりフォーマルな手続きです。

　公益・労働・使用の三者構成による調停委員会が、当事者である労使双方の意見を聞き取った上で調停案を作成し、双方にその受諾を勧告することによって、争議が解決するよう努力する方法です。

　この場合、労・使委員は同数とすることになっています。当事者双方の申請によるのが原則ですが、公益事業の場合等に例外があります。

　ここでも、当事者双方とも調停案に拘束されず、これを拒否する自由を有します。

(3) 仲　裁

　仲裁に関しては、「労働関係調整法第四章　仲裁」（同法29条〜35条）に規定があります。

　仲裁とは、当事者である労使双方が、争議の解決を仲裁委員会にゆだね、その判断（仲裁裁定）にしたがって争議を解決する方法です。
　仲裁裁定書は、そこに書かれた効力発生の日から両当事者を拘束し労働協約と同じ効力を有します。
　したがって当事者は、その内容に不服や意義を申し出ることはできません。そのため労働争議は、仲裁裁定によって解決することになります。このように当事者双方に対して拘束力をもつことから、仲裁は、当事者双方の申請により開始するのが原則ですが、労働協約の定めに基づく場合は当事者の一方からの申請でもよいことになっています。
　例外として、地方公営企業の場合は、労働委員会の職権や知事からの請求によって仲裁を開始することもあります。

　以上3つの争議調整手続きを紹介してきましたが、実際はあっせんの事案が圧倒的に多いといわれています。

労務屋の横道 ㉚〜あとがきに代えて…労働組合に対する期待

　長所・短所がいろいろいわれてはいますが、日本的経営の3種の神器と称されるように、企業別組合は日本の社会の発展のために大きな功績を残してきました。同じ釜の飯を食ってきた労使が、立場の違いはありながらも相互理解を深めていく中で、充実した話し合いが展開され、企業の発展と労働条件の向上に寄与してきたことは間違いないでしょう。

　そうした労使関係は、長い歴史の上に構築されてきたものであり、先人たちに感謝しながら維持発展させていくのが、今後の労使関係を担っていくものの任務であるように思います。

　実際、「日本の企業別労働組合は、資本主義の労使関係の本質上、極めて特殊な形態である」といった論調があります。しかしながら、同じ資本主義の経済体制をとっていても、その内容が各国各様であるように、日本独自の労使関係が特殊な形態であることのみをもって批判されるいわれはありません。

　そうした目で見た、且つ労働組合の外にいた自分のような者が物申すのは不遜であるという前提の、あくまで感想です。

　組合は組合費を払ってくれる者のために活動するという当然の前提からいうと、企業別組合は当該企業に属する組合員に関する当該企業独自のテーマ解決のための運動に傾注し、人材と資金を

投入するのは当り前のことではないでしょうか。

しかし、そのことが「労働者」の団結を縦横に展開し拡大していくという側面からみると、一定の制約になることは否めません。

私個人としては、「労働組合」の存在が改めて見直され、社会で活躍する領域を広げてくれることを切に願っています。なぜなら、明確な根拠はありませんが「労働組合」には、「社会性」であったり、「弱い者の味方」という臭いを感じ取れるからです。長年付き合ってきた労働組合関係者の人柄からも、そうしたものを感じとることができるからです。口には出さずともそのように思っている人はまだまだいるはずで、労働組合の応援団といえるでしょう。

そこで思うことは以下のようなことです。

この辺で成熟した、ある意味では余裕のある大手の労働組合が、優秀な人材と資金を供出して、是非中小を中心とした未組織労働者の組織化に向けて勢力を注いでもらえないでしょうか。

具体的には、人材と資金を産別やナショナルセンターにより多く投入し、優秀な人材が今まで以上にそこでリーダーシップを発揮し組織拡大に頑張ってもらいたいのです。そうすることによって、労働者全体の経済的、社会的地位の向上が図られるということを切に願っています。

そのような夢をいだきながら、ここで筆をおかせていただくことにいたします。

＜著者略歴＞・・

小西　義博（こにし　よしひろ）

　人事労務アドバイス　代表

　特定社会保険労務士

　昭和50年東北大学法学部卒

　同年、旧NKK（現JFEスチール）入社

　もっぱら人事、労務分野の仕事に従事、福山製鉄所人事部長、JFEマネジメント
センター主任講師、JFE物流総務部長などの職位を経て、人事労務コンサルタント
業を開業。

・特定社会保険労務士（神奈川県社会保険労務士会所属）

・プロフェッショナル・キャリア・カウンセラー

・行政書士、宅地建物取引士、マンション管理士、管理業務主任者、ファイナンシ
　ャルプランナー、ビジネス実務法務検定２級、メンタルヘルス検定等試験等合格。

・日本賃金学会会員

・著書：「口述　労働法入門」（日本生産性本部・生産性労働情報センター）

　　　　「口述　はじめての方の民法入門」（チャレンジ双書）

　　　　役立つねっと「必修ビジネス契約」等

連絡先：〒236-0042

　　　　横浜市金沢区釜利谷東４丁目32-22

　　　　メールアドレス：saradanyk@yahoo.co.jp

口述労働組合法入門

2017年5月31日　初版　　　　　　ISBN978-4-88372-527-4　C2034
　　　　　　　　　　　　　　　　　本体価格　2,000円（税別）

著　者　　　小　西　義　博
発　行　　　公益財団法人 日本生産性本部
　　　　　　生産性労働情報センター

〒151-0052　東京都渋谷区代々木神園町３－１　NYC内
Tel ：03（3467）7252直通
Fax：03（3467）7254直通
URL：http://www.jpc-net.jp/lic/

印刷・製本／第一資料印刷株式会社
表紙デザイン　丸山邦彦（CREATIVE MIND）

＜生産性労働情報センター関連書籍ご案内＞

日本の労働組合 −戦後の歩みとその特徴− [改訂増補・第4版]

労働研究センター事務局長　岩崎　馨　著

　わが国の労働組合が、いわゆる「企業別組合」ということで欧米諸国と異なっていることは知られている。しかし、実際は何がその特徴であり、そうでないのかの議論はあまりされていない。また、正規従業員以外や地域・企業内諸問題以外への対応が弱いのではないかといった指摘もされている。本書では筆者の経験と調査をもとに、わが国の労働組合の基礎的な部分について紹介している。

　　　…2015年刊行　A5判　120頁　本体1,500円　ISBN978-4-88372-503-8

産業別労働組合の組織と機能 −資料編：産業別組織系統図付き−

労働研究センター事務局長　岩崎　馨　著

　1989年に連合が発足した時点では79組織だったが、現在では統合・合併が続き54組織になった日本の産業別労働組合（刊行当時）。2012年11月には、組合員数130万人のUAゼンセンが発足した。
　わが国では労働組合が企業別に組織されていることや、ベアのない春闘が続いたことなどから、単組の活動の方が組合員にとって分かり易く、産別組合の活動は分かりにくく身近に感じにくいという声もある。本書では、産別組合の特徴、組織形態、財政あるいは機能について調査し、その調査結果を基に、問われる産別の存在意義を見つめ直す。
　補論として、連合・グループ労組組織についての解説が付き、巻末には、戦前からの変遷を図式化した「資料編：産業別組織系統図」が収録されている。

　　　…2012年刊行　A5判　140頁　本体1,600円　ISBN:978-4-88372-434-5

主要産業の労使意思疎通実態調査報告書

労働研究センター　編

　産業別労働組合は、日本経済の発展の過程で直面した産業の課題に目を背けることなく、経営団体にもならずその時々の政府とも意思疎通を図り確実に一定の役割を果たしきた。それぞれの産業の発展とそこに働く人たちの雇用をはじめ労働条件維持向上を目指し、時代の流れに対応して産業構造の転換や国際競争力の向上等に貢献してきた。
　本書は労働研究センターが連合傘下産業別組合のうち、15の組織に対し関連資料調査およびヒヤリングによる研究を行った成果と新しく明らかになった課題をとりまとめた報告書。

　　　…2016年刊行　A4判　221頁　本体2,000円　ISBN:978-4-88372-509-0

新装改訂版 労働組合読本　城島　正光　著

　労働組合の活動は賃金交渉や要求の獲得だけではなく、心豊かな思いやりのある、多様な人が互いに支えあうやさしい職場つくり、働くことを軸とした安心社会を実現させるための広い視野が求められている。労働組合は、組合員にとって「最も大切なことは何かを考え実現しようとする」組織であることが求められている。

　本書は、これまでの歴史や流れを紐解くとともに、「みんなで」考え「みんなで」する労働組合の組織・運営のあり方について、「労働組合ってなんだろう」「職場リーダーなったけれど何をすれば良いのかしら」と思ったり悩んでいる組合員や職場リーダーへの一冊。

　　　　　　　　…2014年刊行　四六判 202頁　本体1,800円　ISBN 978-4-88372-464-2

改訂増補第2版　仕事と介護 両立ハンドブック　-コア社員の退職を防ぐ-

グラース社労士事務所代表　新田　香織 著

　「親が倒れても介護する人がいない」「介護があるから転勤は無理だ」「遠方の親の介護のために今の仕事を続けられるだろうか」…

　働き盛り世代や、会社にとって重要なポジションにあるベテラン社員が、親の介護に迫られ退社することは大きな損失である。また、当人にとっても仕事を失うことは、収入源を失って費用的な面から十分な介護ができなくなったり、将来の自身の生活にも影響を与える。

　本書では、仕事と介護の両立について様々な選択肢を提示し、巻末には書込式の準備チェックリスト・各種相談先リストが付く。これから家族の介護が自分のこととなる方、人事担当者の方の資料、ダイバーシティマネジメント研修資料として最適の一冊。

　　　　　　　　…2017年刊行　A5判 121頁　本体￥1,000-　ISBN978-4-88372-525-0

セクハラ・パワハラ読本　君嶋　護男／北浦　正行著

　セクハラ・パワハラによって被害者は苦しみ、事業主は大切な従業員を失ったり傷つけ企業イメージを低下させ、利益を受ける者は誰もいない。本書は、実際の裁判や相談事例を多く学び、反面教師として活用することが、セクハラ・パワハラを減少させるという視点から前半は書かれている。後半はそれを受け、その発生要因と発生を予防する人材マネジメントをいかに行うか、その根絶に向けて書かれている。

　　　　　　　　…2015年刊行　A5判 193頁　本体￥1,500-　ISBN978-4-88372-486-4

全国の大手書店・政府刊行物センター・当財団店頭にて好評発売中
当財団ホームページ・ネットブックストアのページからもお求めいただけます
http://bookstore.jpc-net.jp/　　http://www.jpc-net.jp/lic

口述 労働組合法入門 姉妹本

（改訂版）口述 労働法入門

〜通勤や仕事の合間、
　　就寝前の３０分に
　　　　「読む」講義〜

著者　特定社会保険労務士　小西　義博

2016年刊行 A5判 201頁
本体￥1,600- ISBN978-4-88372-512-0

＜内　容＞

　労働基準法をはじめとする労働法は、組織（主に会社）に所属する人々にとって身近でかつ大切な法律である。しかしながら講演などを半日きいただけではそのさわりしか理解できない。かといって長い時間の講義を社会人が受けることも難しい。

　そこで本書では、読者が通勤時間、就寝前、あるいはビールを飲んでくつろいでいるような時間に少しずつ、授業を読むようにして再現できないか考え書かれている。著者の、労働法に興味を持っていただき、気楽にかつより広く深く入っていただくための一助となろう。

　元人事マンであり特定社会保険労務士である著者の様々な経験からのミニコラムである「労務屋の横道」は楽しく、条文・判例紹介などはより実務的に読むことが出来る１冊。

＜目　次＞
1．労働法総論
2．個別労使関係法（総論）
3．個別労使関係法（各論）
4．労働関係の展開
5．労働契約の終了